BARFUSS

DURCH DEN WINTER

TUSITALA VERLAG

Für Christiane, die sterben musste, bevor sie leben durfte.

WIR WARTEN IMMER AUF DEN PERFEKTEN ZEITPUNKT. DOCH DEN GIBT ES FAST NIE. WER WIRKLICH AUF WELTREISE GEHEN WILL, SOLLTE NICHT DAUERND NACH GRÜNDEN SUCHEN, DIE IHN DARAN HINDERN KÖNNTEN. IM ZWEIFEL WIRD MAN IMMER WELCHE FINDEN. UND BLEIBT DAHEIM.

UNN

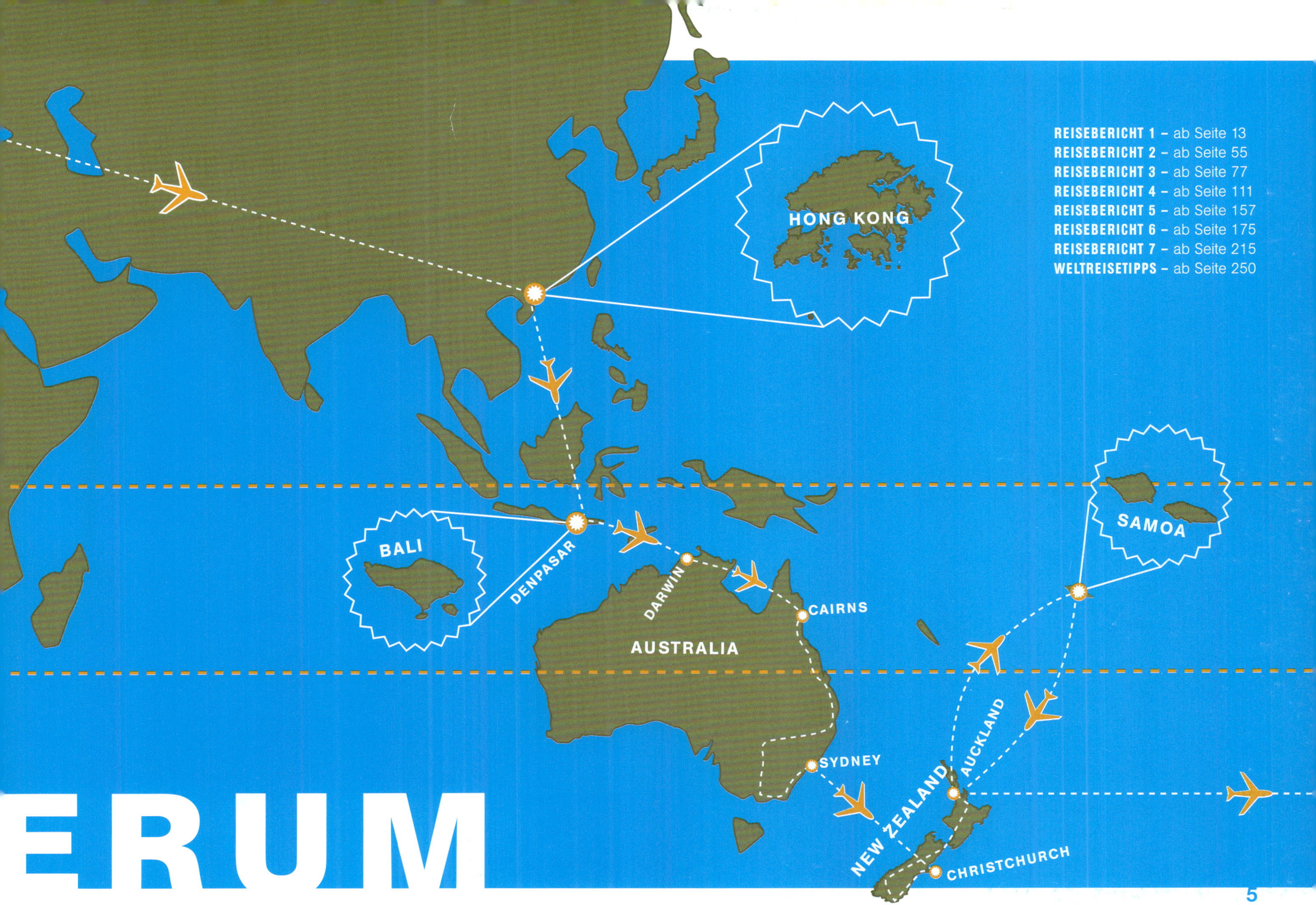
HONG KONG
BALI
DENPASAR
DARWIN
CAIRNS
AUSTRALIA
SYDNEY
SAMOA
AUCKLAND
NEW ZEALAND
CHRISTCHURCH
ERUM

VORVORVORWO

72 % DER DEUTSCHEN WÜNSCHEN SICH EINE „EXTENSIVE AUSZEIT". DOCH DEN MEISTEN FEHLE DER MUT, ZUM ERSTEN SCHRITT, FAND DAS MEINUNGSFORSCHUNGSINSTITUT GEWIS HERAUS.
(QUELLE: FOCUS ONLINE)

RT

STRESS, ÜBERSTUNDEN, ZEITDRUCK – WANN SIND SIE REIF FÜR EINE AUSZEIT?

Sie haben keine Lust mehr auf Ihren Job?

Kein Grund zum Verzweifeln. Nach der dritten Ablehnung einer Gehaltserhöhung haben Sie nur mal eben das Verständnis für die dreistelligen Millionengewinne Ihrer Chefs verloren. Das gibt sich wieder. Denken Sie doch an all die armen Shareholder und Börsenspekulanten, die sich ohne Ihre Arbeitsleistung etwas weniger Dividende in ihre Louis-Vuitton-Brieftasche stecken können.

Außerdem dürfen Sie Ihren großspurigen Vorgesetzten nicht im Stich lassen, der dem Vorstand noch letzte Woche maßlose 20% Umsatzrendite versprochen hat, die Sie bitteschön mit Ihren Überstunden noch erwirtschaften müssen.

Ihr Privatleben? Was soll damit sein? Das ewige Rumgehopse beim Sport bringt Sie auch nicht weiter. 1 x täglich „Bücken vor dem Chef“ reicht doch für einen Karrieresprung. Und die wenigen Freunde, die Sie noch haben, lassen sich bestimmt durch nette Arbeitskollegen ersetzen. Mal ehrlich, gibt es etwas Geselligeres als ein geteiltes Piccolöchen spätabends im Büro?

Seien Sie also kein Spielverderber! Bleiben Sie lieber opportunistisch, dann klappt's auch mit der Gehaltserhöhung. Wovon Sie sich dann endlich all Ihre Frustkäufe, Anti-Falten-Cremes und Stress-Abbau-Seminare leisten können, die Sie ohne Ihren Job nicht bräuchten.

Na, passt Ihr dicker Hals wieder durch die Firmentür?

Wunderbar, dann kommt der Schlusspunkt wie gerufen. Bleiben Sie bis zur Rente fleißig und loyal und klettern Sie morgen früh wieder brav zurück in Ihr Hamsterrad. Und verdammt noch mal, werfen Sie endlich dieses Teufelsbuch aus dem Fenster!

VORWORT

SIE SIND GEHALTSEMPFÄNGER UND KOSTENFAKTOR – WANN WERDEN SIE WIEDER MENSCH?

Wie schön, Sie haben das Buch behalten. Wir dürfen also davon ausgehen, dass in Ihrem Leben bisher nicht alles so gelaufen ist, wie Sie sich das vorgestellt haben. Vermutlich sind Sie gerade erst aufgewacht und beginnen nun Ihren 12-Stunden-Job kritisch zu hinterfragen. Doch Vorsicht! Das kann mit einem Berufswechsel, einem Porschekauf oder einer Weltreise enden, was aber nicht schlimm wäre, denn Sie haben nur ein Leben.

Es sei denn, Sie glauben an die Reinkarnation und daran, dass Sie in 999 Jahren als Bergziege, Maulfrosch oder Eisenwarenfachverkäufer wiedergeboren werden.

Betrachten wir die Länge unseres Daseins rein mathematisch, werden wir schnell feststellen, dass die Summe Lebenszeit immer geringer ist, als die Summe jener Dinge, die wir schon immer mal tun wollten. Das dürfte aber in Anbetracht dessen, wie oft und womit wir unsere Zeit sinnlos vergeuden, niemanden wirklich verwundern.

Denken Sie beispielsweise an die zähen Sonntagnachmittage, an denen Sie bei Tante Erna zum Streuselkuchen eingeladen sind. Oder an die vollbesetzten Wartesäle in Bürgerämtern und Kfz-Meldestellen, in denen Sie Ihre dreistellige Nummer just in dem Moment von der Rolle ziehen, als die „37“ aufgerufen wird.

Noch deutlicher wird die Diskrepanz zwischen Lebenszeit und Traumerfüllung am Beispiel „Weltreise". Der Mensch ist nämlich nur dann zum Reisen fähig, wenn er a) schon groß genug ist, um am Ticketschalter nicht übersehen zu werden, b) ausreichend Urlaubsgeld zur Verfügung hat, c) gesund ist und d) noch groß genug ist, um am Ticketschalter nicht übersehen zu werden.

Konsequenterweise müssen wir also von der gottgegebenen Gesamtpunktzahl die ersten 20 Taschengeld-Jahre und die letzten 10 Gehhilfe-Jahre abziehen. Bleiben summa summarum höchstens 45 Jahre „reisefähige Lebenszeit", die wir aber noch mit Beruf, Freizeit, Gesellschaft und Familie teilen müssen. Unterm Strich hängt also alles davon ab, wie viel Gewicht Sie Ihre Neugierde und Reisefreude zugestehen wollen.

VORWORT

DASS JEMAND GESTORBEN IST, IST NOCH LANGE KEIN BEWEIS, DASS ER GELEBT HAT.

Legen Sie bitte den Taschenrechner aus der Hand! Das Leben lässt sich nicht in Zahlen gewichten, geschweige denn in Prozente einteilen. Wie auch? Es ist kein eindimensionaler Zeitstrahl vom Schnuller bis zum Sargnagel, sondern immer eine gut gefüllte Weihnachtsgans mit Höhe, Breite, Umfang und Gewicht. Die entscheidende Frage dabei ist nur: Wie wollen Sie die Füllung würzen?

Wir, Jutta und Robert, füllten unser Leben mit einer Weltreise, dessen Würze so intensiv nach Freiheit und Abenteuer schmeckte, dass es uns noch heute auf der Zunge bizzelt. Sechs „deutsche Wintermonate“ lang reisten wir mit Flip Flops um die Südhalbkugel und waren überall begeistert von Land, Leute und Natur.

Die Titelmelodie von „Miss Marple“ pfeifend liefen wir durch Hong Kong, Bali, Australien, Neuseeland, Samoa, Chile, Argentinien und Uruguay, während zuhause Pfützen zufroren und lange Unterhosen getragen wurden. Wir machten Dinge wahr, von denen wir lange träumten und lernten neben interessanten Menschen auch deren Kulturen kennen.

Vieles davon hielten wir in unserem Tagebuch fest. Genug Lesestoff für sieben Reiseberichte, die wir häppchenweise als E-Mail mit dem Absender „more-summer-4-jurob“ nach Hause schickten. Immer anders, gerne witzig, manchmal auch etwas zynisch. Distanz – Nähe, Reportagen – Zitate, Aktuelles – Historisches, überraschend sprunghaft die Perspektive wechselnd unterhielten wir die 120 Empfänger unseres Newsletters.

Dazu saß Robert oft stundenlang vor einem fremden Computer und suchte vergeblich die nicht vorhandenen Umlaute auf der internationalen Tastatur. Am ominösen „roten Faden“ jedoch hielt er trotz lautstarker Störfaktoren in den Internetshops (Staubsauger, Ballerspiele, lebhafte Telefongesprächen nach Fernost) verbissen fest.

DIE IDEE ZU DIESEM BUCH ENTSTAND WÄHREND DER REISE

Das positive Feedback, das wir auf jeden einzelnen Newsletter erhielten, wirkte außerordentlich motivierend und ließ die Idee zu diesem Buch entstehen. Die Umlaute ä, ü und ö haben wir nachträglich eingefügt. Ebenso, wie die streng geheimen, weil persönlich erlebten Reisetipps, die Sie neben diesem hübschen Weltkügelchen finden werden. Dieses Element ist übrigens nur eines von vielen schönen Gestaltungsideen, die Suza Brala (die beste Designerin von allen) für dieses Buch entwickelt hat.

Genug der vielen (Vor)-Worte. Denken Sie jetzt lieber an nichts mehr: Nicht an Ihren Job, Alltag oder andere Sorgen. Schnallen Sie sich an! Genießen Sie den nun folgenden Flug um die Südhalbkugel und folgen Sie unseren Fußstapfen, die Sie von einem Abenteuer ins nächste führen werden.

Jurob (Kurzform für Jutta und Robert)

Neben Ballack, Mercedes und Blitzkrieg ist „Oktoberfest" das meist gesprochene deutsche Wort im Ausland.

„TODAY VERY SLOW“ ist das erste, was wir von der freundlichen Balinesin nach Betreten ihres Internetshops zu hören kriegen. Und das überrascht uns gleich zweimal. Erstens, weil diese Begrüßung für balinesische Verhältnisse sehr ungewöhnlich ist. Dazu muss man wissen, dass jeder Balinese ein Gespräch mit den üblichen vier Fragen beginnt: 1) How are you? 2) Where you from? 3) How long do you stay? 4) Do you need a driver?

Möglicherweise hat das indonesische Fremdenverkehrsamt einen Ratgeber mit dem Titel „How to talk to tourists“ herausgegeben, auf dem exakt diese Fragen aufgelistet sind.

„HOW TO TALK TO TOURISTS“

Und zum Anderen, weil uns diese Offenheit und Ehrlichkeit schier umwirft. Eine Internet-Angestellte warnt ihre Kunden vor dem Benutzen ihrer Produkte. Unfassbar. Das ist vergleichbar mit dem Besuch in einer deutschen Konditorei, in der die Bäckereifachverkäuferin gleich erwähnt: „Unser Brot ist von gestern. Und die frischen Mohnbrötchen sind unten leicht angebrannt!“. In Deutschland undenkbar.

Nicht so auf Bali. Hier leben die ehrlichsten und nettesten Menschen, die uns je begegnet sind. Das liegt vermutlich an ihrem hinduistischen Glauben und an den drei Göttern Brahma, Wischnu und Schiwa, die ihren Anhängern Lug und Trug verbieten. Und falls sie es doch tun, kommen sie im nächsten Leben als Ratte oder Kakerlake zur Welt.

In welchem Körper der Geist letztendlich wieder geboren wird, hängt entscheidend vom gesammelten Karma ab. Wer im fortgeschrittenen Alter noch mit leerem Seelenbeutel dasteht und trotzdem lügt, darf sich langsam aber sicher an stinkende Abwasserrohre und Duschabflüsse gewöhnen.

Da wir unseren aktuellen Punktestand auf der nach oben offenen Nirwana-Skala nicht kennen, wollen wir diesbezüglich kein Risiko eingehen und ehrlich zu euch sein. Der Grund für diese späte E-Mail ist definitiv der oben genannte. „Today very slow“ hörten wir nämlich täglich. Und wenn wir es trotzdem mal wagten, war beim Hochladen einer Seite auch ein Nachmittagsschläfchen drin. Der technische Fortschritt auf Bali war auf halbem Wege eingeschlummert und wir hofften auf australische Besserung.

HONG

{·1·2·3·}

AUF DEUTSCH „DUFTENDER HAFEN“ · 240 INSELN · URSPRÜNGLICH EIN PIRATENVERSTECK · 99 JAHRE (1898-1997) ENGLISCHE KRONKOLONIE · 7 MIO. EINWOHNER · 10.000-BUDDHA-TEMPEL · AN GEBURTSTAGEN ESSEN CHINESEN LANGE NUDELN – FÜR EIN LANGES LEBEN · DRITTTEUERSTE MIETPREISE (50 €/QM) · DIE MEISTEN ROLLS-ROYS-ZULASSUNGEN · BEI ERKÄLTUNG MUSS MUNDSCHUTZ GETRAGEN WERDEN ·

KONG

„Haare in die Luft, fertig ist der Schuft."
(O-Ton von Juttas 97-jähriger Oma Maria)

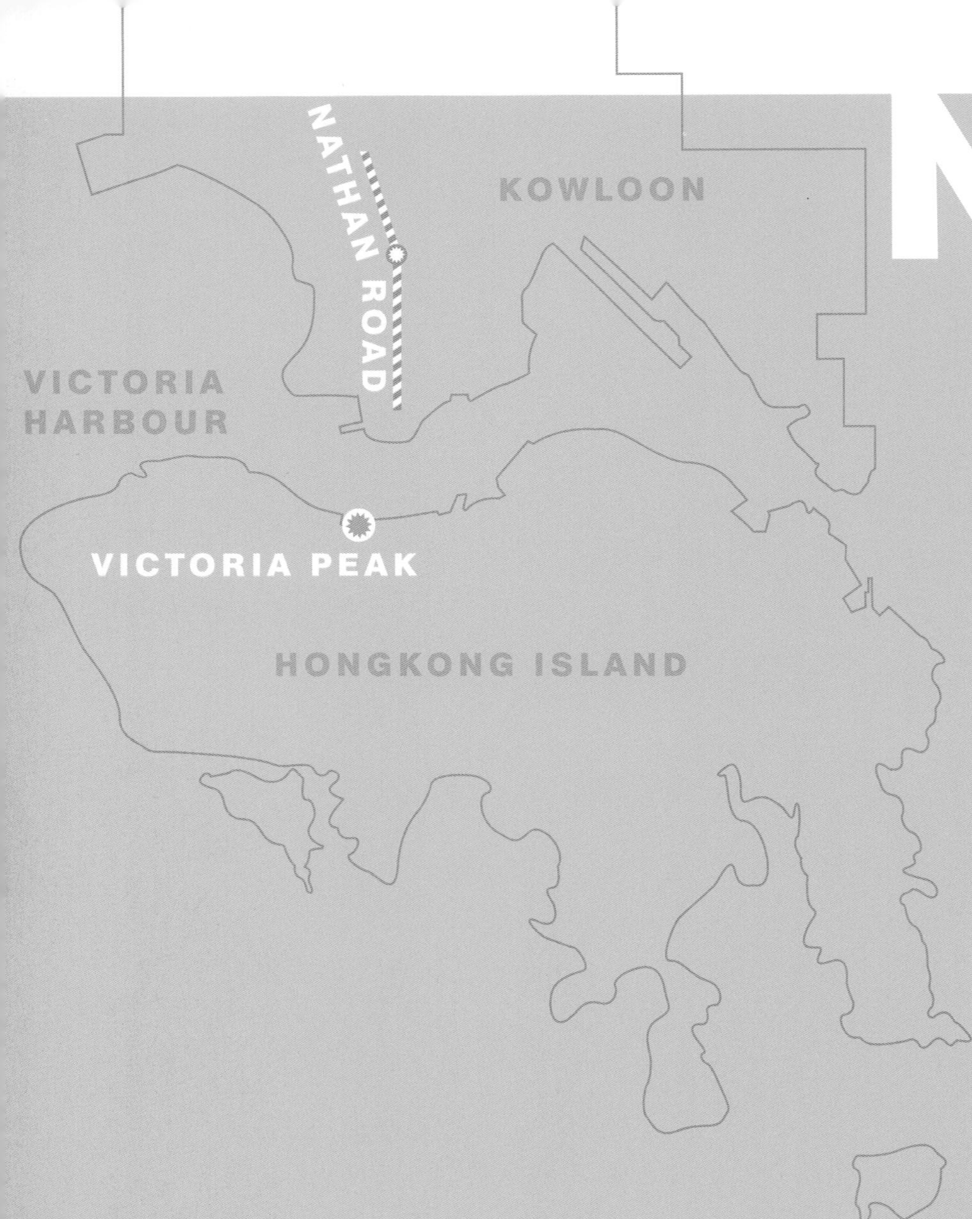

NATHAN

Doch bevor es weiter nach Australien geht, fliegen wir gedanklich noch mal zurück nach Hong Kong, eine Stadt, die so hoch gebaut ist, dass wir vom ständigen nach oben gucken Nackenprobleme bekamen. Sitzt man dagegen auf dem Oberdeck eines 100 Jahre alten Doppeldeckerbusses, der über Hochstraßen fährt, wird das Genick entlastet, weil man von dort bequem in die Wohnungen blicken kann.

Dabei entdeckt man, dass selbst Großfamilien auf engstem Raum zusammenleben. Sätze wie „Schatz, ich zieh mich kurz ins Gästezimmer zurück" gibt's hier nicht. Auf etwa 30 Quadratmeter (für umgerechnet 1.500 € Miete) bleibt nur wenig Platz für lebenswichtige Dinge wie Herd, Klapptisch, Faltbett und Fernseher.

Möglich, dass den Chinesen selbst alles viel größer vorkommt, da sie im Schnitt 20 Zentimeter kleiner und etwa 30 Kilogramm leichter sind als wir Mitteleuropäer. Paketzusteller („Ein Päckchen für Ching Chang") möchte ich jedenfalls in den bis zu 60 Stockwerke hohen Wolkenkratzern nicht sein. Und auch kein Glühbirnenwechsler auf der Nathan Road.

ROAD

Die Nathan Road ist eine der Hauptschlagadern der Stadt und nachts so hell beleuchtet, dass man beim Einkaufsbummel eine Sonnenbrille tragen könnte. Paradoxerweise besagt ausgerechnet eine Dunkelziffer, dass der tägliche Energieverbrauch der etwa vier Kilometer langen Nathan Road deutsche Kleinstädte wie Oer-Erkenschwick, Wunsiedel oder Stuttgart drei lange Wintermonate mit Strom versorgen könnte. Bewiesen wurde das aber nie.

Grundsätzlich lässt sich sagen, dass in Hong Kong alles bunter und höher ist als anderswo. Die Frankfurter Bankenhäuser sehen im direkten Vergleich zu dieser Skyline aus wie winzige Bauklötzchen im Legoland. Und das Feuerwerk, das wir am chinesischen Nationalfeiertag (01.10.) unerwartet mit ansehen durften, war das größte, längste und faszinierendste, das wir je gesehen hatten.

Wir rechnen kurz durch und stellen fest: Bei fast 1,4 Milliarden Chinesen feierte an diesem Tag jeder vierte Weltbürger. Uns eingeschlossen. Eingeschlossen darf man übrigens wörtlich nehmen, denn wir standen dicht gedrängt unter Hundertausenden Hong Kongern und blickten (trotz Nackenproblemen) wieder einmal hoch in den Nachthimmel. Dabei wurde jede Rakete mit fischerchorgleichen „Ahhhs" und „Ohhhs" begleitet.

Die Begeisterung der Menge war so groß, dass selbst eine Plastiktüte, die vom Wind getragen dicht über unsere Köpfe flog, bejubelt wurde. Wenn dieses Feuerwerk die Generalprobe für Olympia war, dann ist es kein Wunder, dass die Athleten unter frenetischem Beifall zu neuen Weltrekorden getragen wurden.

Hinterher erwies sich der Weg zurück ins Hotel als schwierig. Während das 523ste Taxi besetzt an uns vorüberfuhr, trösteten uns die Worte eines sehr geduldigen Chinesen: „No worry, we have enough!"

Wir fanden diese Bemerkung so schön, dass wir sie bei jeder Gelegenheit anwendeten: Beim Essen, wenn uns der Kellner nach einem Nachtisch fragte. Oder bei den zahllosen Straßenverkäufern, die uns unter ihren Jacken verborgene „Luxusartikel" anboten: „Original Rolex, very cheap!" No worry, we have enough.

Genug hatten wir tags darauf auch vom Goldfischmarkt, auf dem Zierfische in viel zu kleinen Wasserbeuteln schwimmen. Und vom Hundemarkt, wo niedliche Welpen in viel zu engen Kisten auf ein neues Herrchen warten. Märkte gibt es in Hong Kong zur Genüge. Jedes Handwerk hat einen. Und für beinahe jedes Tier gibt es einen. Nebenbei bemerkt, gibt es auch einen Womensmarket. (Die Platzierung dieses Satzes wurde – Buddha bewahre - aus rein syntaktischen Gründen ans Ende des Absatzes verlegt und birgt keinerlei frauenfeindliche Hintergründe.)

NICHT VERPASSEN! RUNDFAHRT MIT DER STAR-FERRY, BESUCH DES BIG BUDDHA AUF LANTAU ISLAND, SHOPPEN AUF DEM NIGHT MARKET IN DER TEMPLE STREET (KOWLOON) UND EINE SPRITZTOUR MIT DER HISTORISCHEN DOPPELDECKER-STRASSENBAHN. UNBEDINGT VERMEIDEN! ESSEN UND TRINKEN SIND IN DER U-BAHN VERBOTEN.

Für uns ein Gruselkabinett, in China eine ganz normale Apotheke.

Lipton

Schön bunt, aber unleserlich. Eine von vielen Neon-Straßen in Kowloon.

Leuchtendes Beispiel der chinesischen Drachenbaukunst

Wir waren aber nicht nur shoppen, sondern haben uns in der Gegend auch ein bisschen umgesehen. Ein unvergesslicher Ausflug war die Fahrt mit der Star Ferry nach Hong Kong Island und dort mit der alten Drahtseilbahn hoch zum Victoria Peak. Vom Gipfel hat man einen herrlichen Ausblick auf die unzähligen Wolkenkratzer, hinüber nach Kowloon auf die belebte Nathan Road und rund herum auf alle grünen Hügel der Stadt.

Dort sollen noch echte Drachen wohnen, hat man uns erzählt. Gesehen haben wir – mit Ausnahme der pflichtbesessenen Stationsvorsteherin – aber leider keinen. Sie sollen der Sage nach regelmäßig zum Trinken hinunter ans Meer schweben. Und damit sie auf ihrem Weg dorthin keine Umwege fliegen müssen, bauen die Chinesen sogar riesige Durchflugslöcher in ihre Häuser. Ob das noch Aberglaube ist, oder schon Feng Shui, wissen wir nicht, wir vermuten aber, dass der Begriff „Hausdrache" hier seinen Ursprung hat.

Und während wir noch amüsant Feng Shui hier (Hausbau, Abriss) mit Feng Shui daheim (Blumentopfrücken, Sofa verschieben) vergleichen, fliegen wir mit unserem Qi ohne große Hindernisse weiter nach Bali. Eine traumhaft schöne Insel, soviel sei vorweg genommen.

Hochbaukonstruktion aus Bambus.
Ein fester Arbeitsplatz mit Aufstiegschancen.

BESUCHEN SIE EINES DER SCHÖNSTEN HOTELS DER WELT, DAS 1928 ERBAUTE „PENINSULA" AUF KOWLOON! VON DESSEN PENTHOUSEBAR „FELIX" (DESIGNED BY PHILIPPE STARCK) HABEN SIE EINEN AUSGEZEICHNETEN BLICK AUF DIE SKYLINE. SELBST BEIM WASSER LASSEN MÜSSEN SIE DARAUF NICHT VERZICHTEN. APROPOS WASSER! DAS „AQUA SPIRIT" IN DER ONE PEKING ROAD IST ETWAS HIPPER UND TEURER, BIETET ABER EINEN ÄHNLICH FASZINIERENDEN AUSBLICK.

Hoch-Rechnung: Multiplizieren Sie die Summe aller Häuser mit der Anzahl der Balkone und dividieren Sie das Ergebnis durch 30 qm Wohnfläche.

BALI

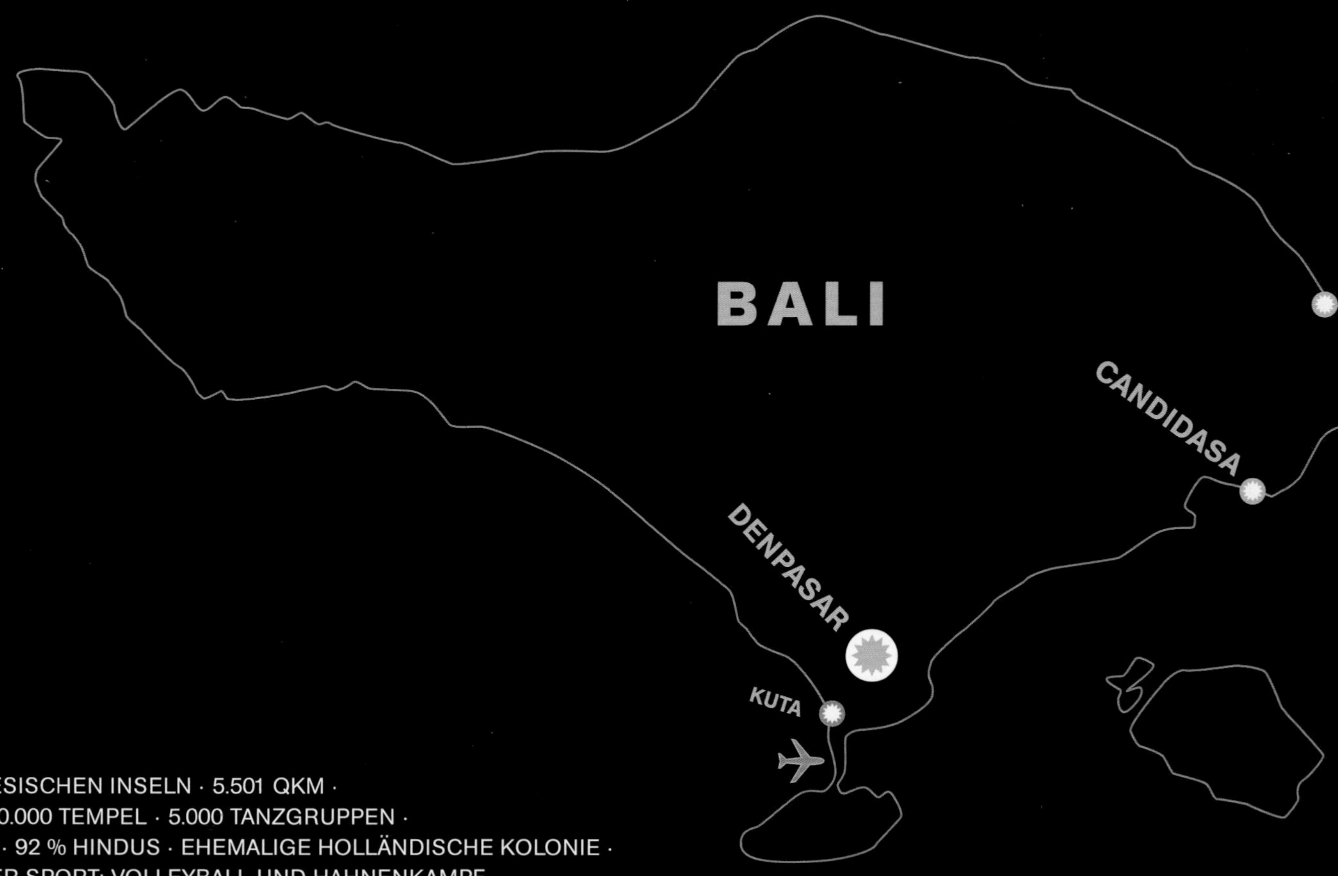

{·1·2·3·}

EINE VON 13.677 INDONESISCHEN INSELN · 5.501 QKM ·
3,4 MIO. EINWOHNER · 20.000 TEMPEL · 5.000 TANZGRUPPEN ·
HAUPTSTADT DENPASAR · 92 % HINDUS · EHEMALIGE HOLLÄNDISCHE KOLONIE ·
(1906-1908) BELIEBTESTER SPORT: VOLLEYBALL UND HAHNENKAMPF ·
MASTURBATION WIRD MIT BUSSGELD BESTRAFT ·

Harte Arbeit für wenig Geld. Jeder einzelne Grashalm muss ausgerissen und an einer anderen Stelle wieder eingepflanzt werden. Wenn Sie sich das nächste Mal über Ihren Job beklagen, denken Sie an dieses Foto.

Marktplatz in Amlapura. Unser Fahrer Komang erklärt uns die Gewürze und hilft beim Einkaufen.

BESUCHEN SIE EIN ABGESCHOTTETES BERGDORF DER BALI AGA, SOLANGE ES DIE UREINWOHNER NOCH GIBT. IHRE TRADITION BESTIMMT NÄMLICH, DASS JEDER, DER NACH AUSSEN HEIRATET AUS DER DORFGEMEINSCHAFT AUSGESCHLOSSEN WIRD. UND DIE VERLOCKUNGEN DER MODERNEN WELT SIND GROSS.

Zunächst wohnten wir in Kuta, der wohl touristischsten Stadt der Insel, blieben dort aber nicht lange. Die Lautstärke und der lebensgefährliche Verkehr trieben uns schnell weiter aufs Land, wo wir das „wahre Leben“ der Balinesen erkunden wollten.

Als Basislager für Ausflüge ins Landesinnere wählten wir das an der Südostküste gelegene Städtchen Candidasa. Dort trafen wir auch unseren Fahrer und Reiseleiter Komang, der sich auf der Insel bestens auskannte und – viel wichtiger – auch Humor hatte. Chauffeure gab es zu genüge, doch schon eine kleine Änderung in Komangs Ansprache „Do you need a good looking driver?“ brachte uns zum Lachen. Und ihm den Zuschlag.

Komang ist der dritte Sohn seines Vaters. Denn wäre er der erste, würde er Wayan oder Gede heißen. Und wäre er der zweite, würden ihn vermutlich alle Kadek oder Made rufen. Das geht weiter bis zu Sohn Nummer vier, der in der Regel Ketut heißt. Dann beginnt die Zählung wieder von vorne. Ziemlich fantasielos, dachten wir zunächst, doch Komang erklärte uns, dass der Name wichtig für die traditionelle Familienhierachie ist, die auf Bali noch eine große Bedeutung hat. Bei den Töchtern ist die Namensgebung ganz ähnlich geregelt.

„DO YOU NEED A GOOD LOOKING DRIVER?“

So fuhren wir mit dem Drittgeborenen durch subtropische Regenwälder, sahen stufenförmig angelegte Reisterrassen, tranken Kakao und Kaffee auf einer Kaffeeplantage, besuchten mit einem Sarong und einer puffigen Gürtelschlaufe um die Hüften (damit hätte ich im Schwulenkreis schnell neue Freunde gefunden) den größten Tempel der Insel, den sogenannten „Mothertempel“ (Besakih) und holten uns nasse Füße in einem kunstvoll angepflanzten Wassergarten (Tirta Gangga).

Mit den kostbaren Fasern der Zuckerpalme werden die Tempeldächer gedeckt.

Stairways to Heaven. Opfergabe im „Mothertempel" auf dem Berg Besakih.

Schrein im Mothertempel.
Die (immer ungerade) Zahl der bis zu elf Terrassendächer („meru")
informiert über den Gottesrang.

Reich und Arm, Gut und Böse, Yin und Yang. Gegensätze existieren. Und werden nicht – wie in anderen Religionen üblich – bekämpft sondern akzeptiert. Blüten, Reis und Räucherstäbchen sollen beide Kräfte besänftigten. Eine endgültige Lösung ist nicht beabsichtigt.

Vicky, das PADI-Girl.

Wayne, der Texaner, schoss mit Witzen nur so um sich.

Jutta zu Luther: „Sei kein Frosch-Mann“.

Nach zwei, drei Schönheitsoperationen und einem Schuppenshampoo wird selbst dieser Steinfisch noch zum tollen Hecht.

AMED

Mehr als nasse Füße bekamen wir bei unserem Tauchkurs in Amed. Der Kurs dauerte vier Tage und wurde von der Tauchlehrerin Vicky aus Ungarn sehr ernst genommen. Wodurch aber der Spaß keineswegs zu kurz kam. Vor allem nicht mit unseren beiden Leidensgenossen Wayne (aus Texas) und Luther (aus London, derzeit wohnhaft in Kuala Lumpur).

Wayne hatte selbst unter Wasser einen umwerfend trockenen Humor, was einiges heißen will. Und Luther, den Vicky in ihrem ungarischen Englisch immer nur mit „Looser" ansprach, machte diesem Namen alle Ehre. Schon nach dem ersten Tauchgang übernahm er die Rolle des kleinen, ängstlichen Kükens, das zum ersten Mal seiner Entenmutter hinterher schwimmen durfte.

Auch mit dem Paddeln seiner Flossen hatte Luther ernsthafte Schwierigkeiten. Er stampfte durchs Wasser, als wolle er mit den Fischen Radfahren. Damit nicht genug. Er hatte sich und seine Ausrüstung nur bedingt unter Kontrolle. Entweder schwamm er uns direkt vor die Maske, oder er trieb so weit von uns ab, dass Vicky ihn zurück in die Gruppe ziehen musste.

Wir hatten viel zu lachen, was unter Wasser manchmal zu unkontrolliertem Wassereinbruch führen konnte. Lasst es uns so sagen: Wir haben selten so viel Salz zu uns genommen, wie in diesen vier Tagen. Von ausgedehnten Tequilla-Abenden mal abgesehen.

Auch an Land zeigte sich Luther von seiner ängstlichen Seite. Während des theoretischen Unterrichtes erwähnte er, dass er Haie am liebsten hinter Glas sehe, worauf Vicky antwortete, dass das beim Scuba Diving auch immer der Fall sein würde.
Wie? Haie hinter Glas? Wir tauchen hier doch nicht in einem Aquarium, sondern draußen im großen weiten Meer?

„Well, you will see all sharks behind glas ..."
Und nach einer kurzen, dramatischen Pause fügte sie hinzu: „ ... of your mask."

Thank you, Vicky, das beruhigt uns ungemein. Alle mussten lachen. Nur Luther runzelte nachdenklich die Stirn, worauf wir noch länger lachen mussten.

Weniger witzig waren dagegen die unzähligen Unterwasserübungen, zum Beispiel Tarrierjackets aus- und wieder anziehen, Gewichte ab- und wieder anlegen oder Tauchmaske ausblasen und wieder aufsetzen. Besonders salzreich war das Wechseln der Atmungsgeräte auf 15 Meter Tiefe.

Zur Belohnung durften wir am dritten Tag versenkte Schiffe angucken. Mein erster Unterwasserausflug (Jutta war schon mal in einem saarländischen Baggersee auf Fischsuche) führte uns zur US Liberty, die 1943 vor Tulamben von den Japanern torpediert wurde und unweit der Küste sank. Schon beeindruckend, wie riesig so ein Kriegsschiff damals war. Und wie gut erhalten es heute noch ist.

WER SCHON IMMER MAL WISSEN WOLLTE, WIE MAN EINE MAKADAMIANUSS KNACKT, KAFFEE ERNTET ODER FRISCHEN KAKAO ZUBEREITET, SOLLTE EINE „KAFFEEPAUSE“ IN EINER FRÜCHTEPLANTAGE EINLEGEN. EBENFALLS EMPFEHLENSWERT IST DER BESUCH IN EINER SILBERSCHMIEDE, IN DER SCHMUCK NOCH TRADITIONELL IN HANDARBEIT GEFERTIGT WIRD.

Neben Wracks (es liegt noch ein japanisches Landungsboot in der Nähe) haben wir auch viele und seltene Fische gesehen. Rochen waren dabei, Steinfische, ein Skorpionfisch, Sweetlipfische und ein riesiger Schwarm von Silberfischen, der wie eine glitzernde Waschtrommel um uns herum wirbelte. Schonwaschgang bei 30 Grad Wassertemperatur.

Am Tag danach war Prüfung, die wir aber alle (auch Luther) souverän bestanden. Somit sind wir bestens auf das Tauchen am Great Barrier Reef vorbereitet, einen Traum, den wir uns unbedingt erfüllen wollen. Bis dahin verbrachten wir aber noch eine weitere unvergessliche Bewusstseinswoche auf Bali.

Zum Beispiel in einem kleinen Wäldchen nahe der Kunst- und Künstlerstadt Ubut, in dem es vor frechen, bananensüchtigen Affen nur so wimmelt. Oder in einer traditionellen Kecak-Tanzvorstellung, bei der sich junge Männer unter rhythmischen Chorgesängen in Trance tanzen und durchs Feuer springen.

Selbst der umweltfreundlichste „Mercedes“ (O-Ton des Fahrers) ...

AUF BALIS STRASSEN IST VIEL VERKEHR. WENN SIE DORT NICHT TÄGLICH AUF ACHSE SEIN MÜSSEN, MIETEN SIE SICH KEIN AUTO, SONDERN EIN MOPED. ODER NOCH BESSER: EINEN EINHEIMISCHEN (TAXI-)FAHRER. DIESE ART DER FORTBEWEGUNG IST AUF JEDEN FALL INFORMATIVER, SICHERER UND BEI TAGESAUSFLÜGEN AUCH GÜNSTIGER.

... muss mal tanken. V.l.n.r.: Super, Bleifrei, Diesel, Motoröl, Wischwasser und Trichter.

Feiern und Tanzen gehören neben Räucherstäbchen anzünden und Opfergaben bringen, zum balinesischen Alltag. Neben dem Kecak wird auch beim Barong, Legong und dem Sanghyang das Tanzbein geschwungen. Gelegenheiten zur Aufführung gibt es dabei reichlich. Denn in jedem Dorf finden jährlich fünf bis sechs Prozessionen und Zeremonien für Schwangerschaft, Geburt, Heirat, Einäscherung oder Zahnfeilung statt.

Häääá?

Richtig gelesen. Da nur Dämonen eine unregelmäßige Zahnreihe haben dürfen, werden den Kindern in der Pubertät die Zähne ebenmäßig geschliffen. Aua, unangenehme Erinnerungen an meinen letzten Zahnarztbesuch werden wieder wach und ich fühle plötzlich so ein seltsames Ziehen auf der geplompten Fünf oben rechts.

Weitaus angenehmer waren die Massagen, Körper- und Seelenreinigungen, die wir am letzten Tag am Strand von Kuta genossen. Was hätten wir auch sonst tun können. An Lesen oder Schlafen war ja nicht zu denken, weil ständig Hobby-Masseure, Freizeit-Gaukler und Kleinkrämer über den Strand brüllten: „Coconuuuut“, „Do you need a maaassssaaage?“, „Ayuuurveeeeda?“.

Are you what?

FALLS SIE IN DER NEBENSAISON AUF BALI LANDEN, EMPFEHLEN WIR IHNEN (NACH DEN ERSTEN VORRESERVIERTEN NÄCHTEN) SELBST AUF HOTEL- UND ZIMMERSUCHE ZU GEHEN. ANGEBOT UND AUSWAHL SIND GROSS. UND DIE PREISE SIND OFT AN DER REZEPTION VERHANDELBAR. AUCH LUXUS-HOTELS GEWÄHREN GROSSZÜGIGE RABATTE, WENN SIE DANACH FRAGEN.

Obwohl sie sehr arm sind, sind die Balinesen keinesfalls so aufdringlich, wie das jetzt den Anschein haben mag. Sie sind vielmehr die höflichsten und bescheidensten Menschen, die wir bisher kennengelernt haben. Bali selbst ist nicht nur kulturell sehr interessant, sondern auch schön grün, bergig, ruhig, geheimnisvoll, günstig und sicher. Und daran können auch zwei Bombenanschläge nichts ändern.

Der Abschied von der exotischen und mystischen Insel fiel uns denn auch sehr schwer. Trösten konnte uns eigentlich nur die Vorfreude auf Australien. Aber auch die wurde schon auf dem Flug dorthin mächtig getrübt. Wir mussten in Darwin zwischenlanden und auf einem muffigen und abgetretenen Flughafenteppich die Nacht verbringen.

Entsprechend übermüdet kamen wir am nächsten Morgen in Cairns an. Gesellt sich zur Müdigkeit noch Hitze, Schweiß und Hunger, kommt auch leicht mal schlechte Laune auf, die aber von einem guten Milchkaffee, bei Morgensonne getrunken, sofort wieder weggespült wurde.

Leben in einem Hotel-Bildband. Diesen Luxus (65$/Nacht) gönnten wir uns im Rama Candidasa.

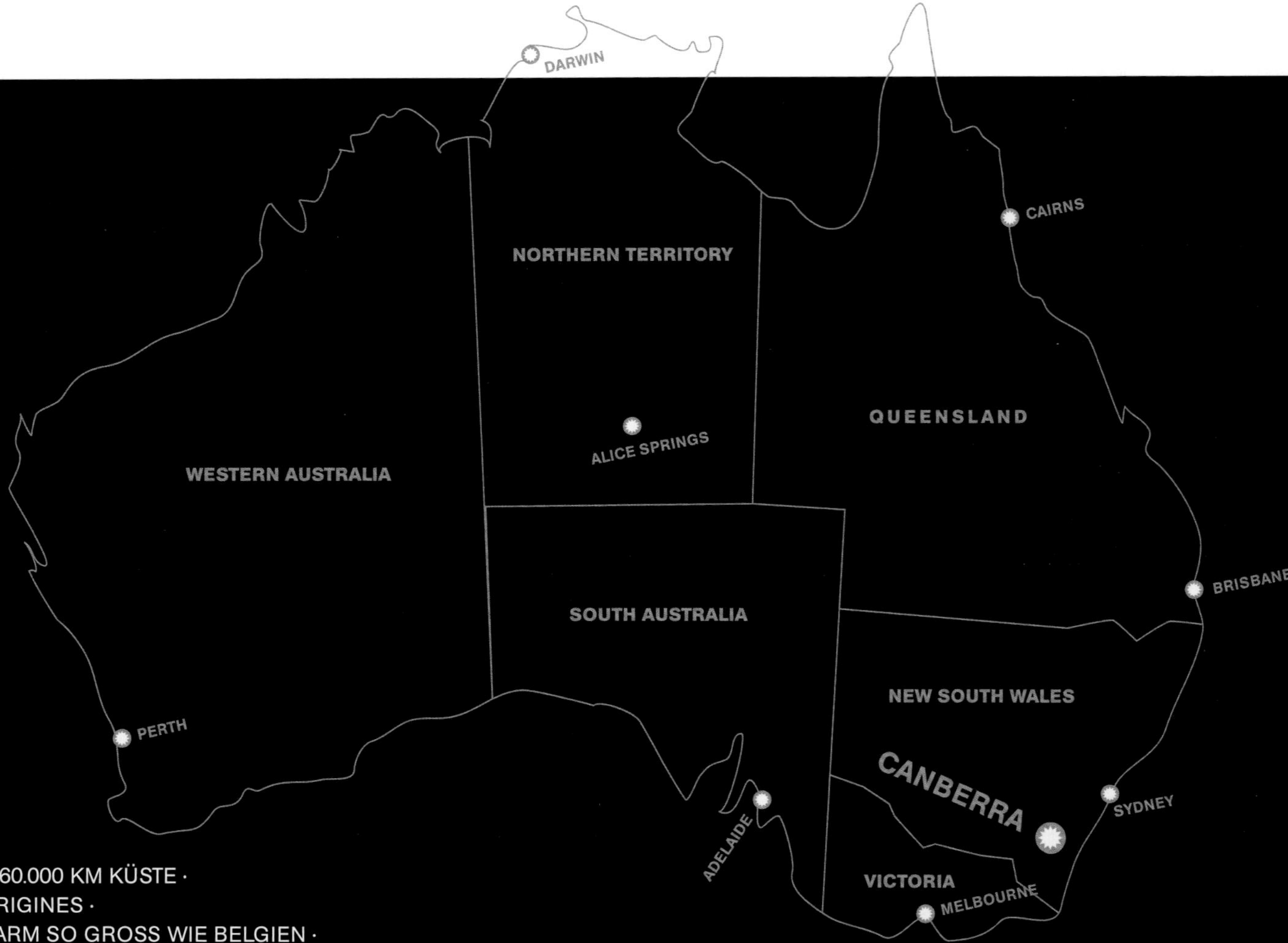

{·1·2·3·}

FLÄCHE ÜBERDECKT GANZ EUROPA · 60.000 KM KÜSTE ·
20 MIO. EINWOHNER · NUR 2,3 % ABORIGINES ·
HAUPTSTADT CANBERRA · GRÖSSTE FARM SO GROSS WIE BELGIEN ·
IN VICTORIA DÜRFEN NUR STAATLICH GEPRÜFTE ELEKTRIKER EINE GLÜHBIRNE WECHSELN ·
HEIMAT DER 9 GIFTIGSTEN SPINNEN UND 11 TÖDLICHSTEN SCHLANGEN DER WELT ·

AUSTRA

LIEN

LINKSVERKEHR

GREAT BA

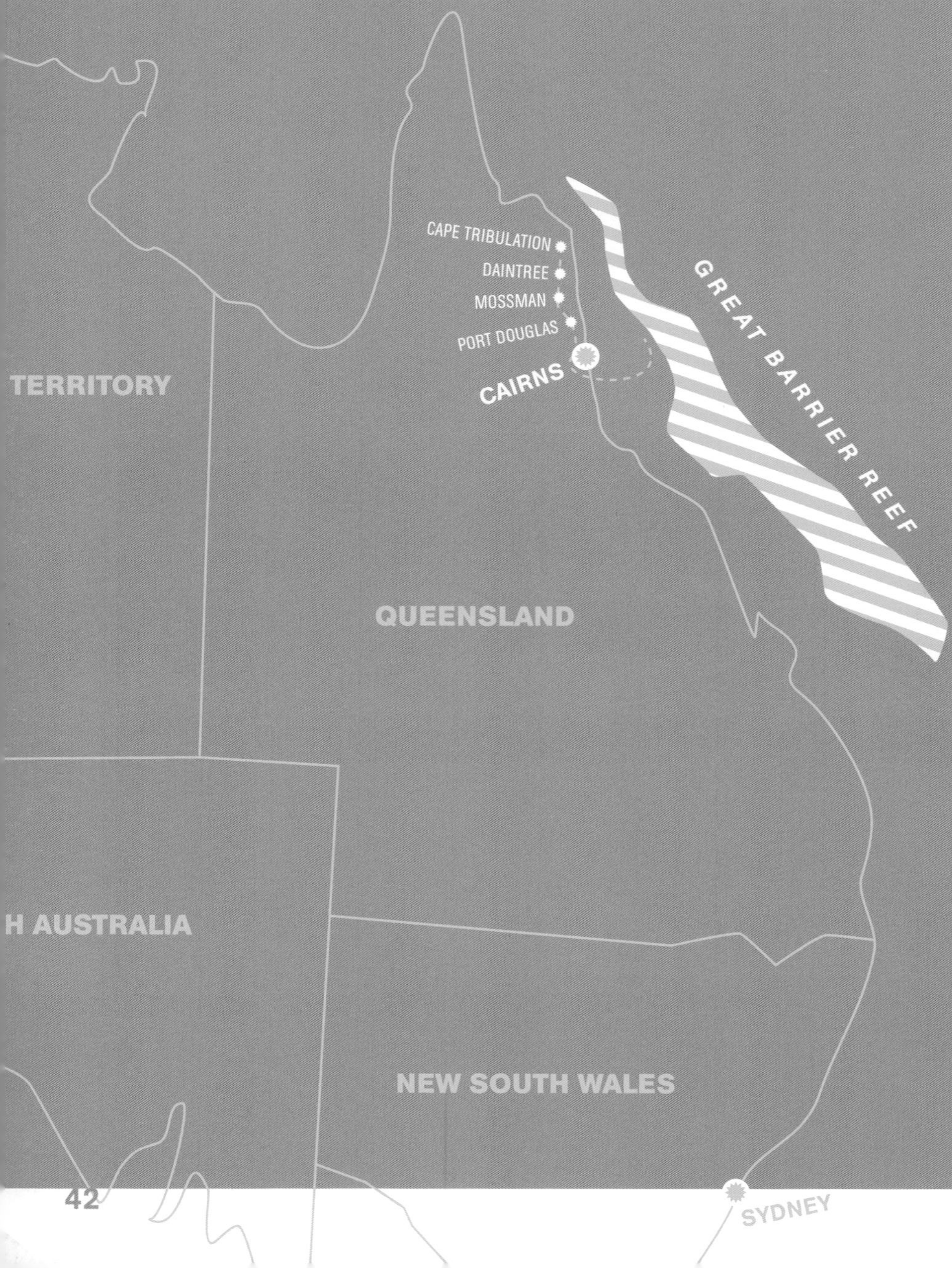

Australien wird allen Erzählungen gerecht. Schon nach den ersten Minuten fühlten wir uns wie Hauptdarsteller in einem Abenteuerfilm. Aufregend wurde es bereits im Vorspann, als wir mit unserem Campingbus direkt auf eine vierspurige Straße rollten: Linksverkehr!

Links ließen wir auch Cairns liegen. Cairns ist keine besonders schöne Stadt. Das einzig Interessante ist das öffentliche Schwimmbad direkt an der Strandpromenade. Da uns aber mehr nach Schlafen als nach Baden zumute war, suchten wir uns ein ruhiges Plätzchen für ein kleines Nickerchen.

Auf dem Parkplatz einer Bergstraße fanden wir ein solches. Von dort oben hatten wir einen ausgezeichneten Blick hinunter auf das in der Abenddämmerung flimmernde Cairns. Doch als wir uns aufs Ohr legen wollten, kamen einige Halbstarke in ihren rollenden Discos angefahren, parkten direkt neben uns und ließen mit ihren übersteuerten Bässen all unsere Töpfe vibrieren.

Hallo? Seit wann gibt es denn House und Techno am Arsch der Welt? Wir dachten, die Aussies hätten allenfalls ein Didgeridoo im Kofferraum und blasen damit Koala-Bären von den Bäumen. Aber nein, gute, alte Zeiten sind auch hier wie schlecht gebaute Bumeränge. Beide kommen nicht zurück.

RRIER REEF

Leise auf die Jugend fluchend machten wir uns weiter auf die Suche nach einem stillen Örtchen und wurden schließlich fündig. Soviel sei aber gesagt: Seit diesem Tag schlummern wir tief und fest. Und vor allem lang. Neun bis zehn Stunden Schlaf haben wir eigentlich jede Nacht und das hat Folgen: die ersten Stressfältchen sind schon „gone with the wind."

Der Grund dafür ist so einfach wie simpel. In Australien wird es um diese Jahreszeit schon sehr früh dunkel. Schon gegen halb sieben geht hier das Licht aus. Und da das Abendprogramm im Busch traditionell wenig Abwechslung bietet, sind wir oft die einzig verbliebenen Hauptdarsteller in einer täglich ausgestrahlten Serie.

Eingeläutet wird der Abend regelmäßig mit einem Zisch aus einer eiskalten Dose Bier. Mit dem ersten Schluck trinken wir auf den vergangenen und mit dem letzten auf den bevorstehenden Tag. Dann dreh ich das Gas auf und versorge unseren Kühlschrank mit elektrischem Strom, damit das Bier kalt bleibt.

Während Jutta in der engen Bordküche das Essen zubereitet, baue ich neben dem Van die Sitzgarnitur auf und decke den Tisch. Nach dem Essen spielen wir ein paar Runden Yazzee, lesen Bücher oder schreiben in unser kleines Tagebuch, in dem jetzt auch ganz frisch unser Erlebnis vom Great Barrier Reef dokumentiert ist.

Das Wetter am Riff war an diesem Tag trocken und warm, was mir sehr entgegen kam. Denn schlechtes Wetter auf See bringt Schiffe zum Schaukeln und mich an den „Rand der Verzweiflung", in der Seemannssprache auch Reeling genannt. Allen Befürchtungen zum Trotz kamen wir nach einer Stunde Schifffahrt (mit drei F und ohne Würg) am Great Barrier an. Wir schlüpften in hellblaue Ganzkörperkondome (und sahen darin aus wie Schlümpfe), zogen Neopren-Anzug und Sauerstoffflasche über und glitten hinab in eine andere Welt.

Schwerelos schwebten wir über unzähligen Farben, Formen und Größen und sind einfach nur baff über diese Wahnsinnsvielfalt, die die Natur in den letzten vier Millionen Jahren hier erschaffen hat. Nebenbei sehen wir Barracudas, Clownfische (Nemos), Steinfische, Butterflies und viele andere Fische, deren Namen wir nicht kennen. Nur den eleganten Riffhai haben wir leider nicht vor unsere Maske gekriegt.

„UNSERE ERDE IST EIN WUNDERWERK"

Diese neue Sicht der Welt hat mich emotional derart berührt, dass ich folgendes einfach schreiben muss: Unsere Erde ist nicht nur schön, sie ist auch ein Wunderwerk, das sich selbst heilen und schützen kann. Die Natur, die sich in ihrer Evolution zu einem perfekt funktionierenden Ökokreislauf entwickelt hat, konnte sich Millionen Jahre erfolgreich gegen natürliche Feinde wehren. Bis sich plötzlich ein einzelliger Molch zu einem Kettensägen schwingenden Schädling entpuppte.

Seit Jahrhunderten wird – auch „im Namen Gottes" – geplündert, zerstört, erobert und ausgerottet. „Machet euch die Erde untertan" ist daher nicht der einzige Satz aus der Bibel, der mich wütend macht.

Hallo? Wer sind wir eigentlich, dass wir uns dieses Privileg selbst auferlegen dürfen? Ist es nicht au erordentlich anmaßend, sich als Herrscher der Welt aufzuspielen? Geben uns einige Kubikzentimeter mehr Hirnmasse automatisch das Recht Tiere auszurotten, Natur zu zerstören und das Klima zu verändern? Wäre es nicht klüger, diesen geistigen Entwicklungsvorsprung sinnvoll einzusetzen indem wir beispielsweise Hunger bekämpfen, Kriege beenden und Kyoto-Protokolle unterschreiben.

Ich meine, die Erde dreht sich seit vier Milliarden Jahren sehr erfolgreich auch ohne uns. Was sind im Vergleich dazu 160.000 Jahre Menschheits- und 2.000 Jahre Bibelgeschichte? Ein Wimpernschlag im Weltzeitalter. Nein, dieser Planet braucht uns nicht. Und ich befürchte fast, dass er, nachdem wir uns selbst ausgerottet haben, seine gewohnte Bahn munter weiter ziehen wird. Es sei denn, wir haben ihn mit Atombomben aus der selbigen geworfen.

Waldbrand, Barbecue oder Haschpeife? In Queensland lässt sich das nur schwer einschätzen.

Hier die deutsche Übersetzung: „Schwimmen nur auf eigene Gefahr. Ball spielen verboten. Bei Zuwiderhandlung Strandverweis. Eltern haften für ihre Kinder."

SO SCHÖN SIE AUCH IST, IN AUSTRALIEN KANN DIE SONNE TÖDLICH SEIN. VERGESSEN SIE DAHER BITTE NICHT, SONNENCREME MIT MINDESTENS LICHTSCHUTZFAKTOR 30 AUFZUTRAGEN, BEVOR SIE DAS HAUS VERLASSEN.

Hilf- aber nicht hoffnungslos fuhren wir tags darauf weiter nach Norden, immer brav an der Ostküste entlang. Zunächst nach Port Douglas, einem Edel-Fischerdorf, von dessen Hafen aus Luxusjachten zum Great Barrier ablegen, dann nach Mossman zu dessen tiefer Schlucht mit großer Hängebrücke, anschließend zu einem Spaziergang durch den Regenwald im Daintree Nationalpark und schließlich bis nach Cape Tribulation, wo sich nur wenige Urlauber am Halbmondstrand in der Sonne aalten.

Apropos Strand. Australien zählt in der Länge über 60.000 Küstenkilometer oder gigantischer ausgedrückt: 60 Millionen Küstenmeter. Geht man dabei von einer durchschnittlichen Strandbreite von zehn Metern aus, hätte jeder Australier (wenn alle 20 Millionen gleichzeitig baden gingen) ganze 30 Quadratmeter Strandfläche für sich alleine.

Gut, dass wir verglichen haben: Liebe Badefreunde und Wassernixen, bitte erhebt euch zu einer kurzen Gedenkminute für all die überfüllten Schwimmbäder und Baggerseen in Deutschland.

Oberhalb vom Cape Tribulation beginnt auf holprigen Wellblechpisten das Off-Road-Abenteuer für Fahrer von Allradfahrzeugen, zu dem unser Campervan leider nicht gehört. Für uns war hier also Endstation, wie übrigens auch für Captain Cook, der hier im Jahre 1770 auf einen Felsen lief, das Leck aber gerade noch rechtzeitig mit Segelstoff stopfen konnte.

LAKE TINAROO

Auch wir lassen uns von nichts und niemandem aufhalten, und schon gar nicht von so perfiden Dingen wie das Ende einer asphaltierten Straße. Paaah, wir sind doch frei, unabhängig und flexibel. Und wenn du morgens noch nicht weißt, wo du abends dein Bett aufschlägst, bekommt das Abenteuer erst den richtigen Kick.

Ein Beispiel: Zwei englische Weltenbummler erzählten uns am Frühstückstisch von einem sehenswerten Binnensee in den Atherton Tablelands, an dessen Ufer wir abends auch schon den Grill auspackten. Der See hört auf den Namen „Lake Tinaroo" und ist die Ruhe selbst. Wir genossen die Stille und blieben einen Tag länger. Auch diese Freiheit nehmen wir uns, wenn es uns an einem Ort besonders gut gefällt. Außerdem war Sonntag. Und Sonntag soll man ruhen.

Oder zur „Cathedral" gehen, was wir auch andächtig taten. Und uns dabei sehr klein vorkamen. Die Australier nennen den mächtigen Koloss „Cathedral Fig Tree" und meinen damit einen 500 Jahre alten Feigenbaum mit rund 44 Metern Umfang. Daher stammt wohl auch sein klerikaler Name.

Nicht weit davon entfernt begegnet man der nächsten Wucht. Der „Millaa Millaa Fall" ist so schön wie gemalt und wurde bestimmt schon oft von der Werbeindustrie für Shampoos, Haarkuren oder Duschmittelchen missbraucht. Ich sehe die nackten Schönheiten mit einschamponiertem Haar vor meinem geistigen, Auge als ich hineinspringe und mir vom fallenden Wasser den Rücken massieren lasse.

Keine Sinnestäuschung ist dagegen der „Paronella Park". Obwohl: Etwas merkwürdig ist er schon. In den 30er Jahren hat sich hier ein extrovertierter Spanier selbst verwirklicht und mitten in das partyarme Hinterland eine Art biedermeierscher Vergnügungspark mit Schlösschen, Liebestunnel, Irrgarten und anderen bizarren Dingen gebaut. Besondere Touristenattraktion ist neuerdings eine Fledermausfamilie, die kopfüber im Liebestunnel hängt und sich dort fleißig vermehrt, wozu dieser Dunkelraum ja ursprünglich auch mal vorgesehen war.

Das war gestern. Und heute, oder genauer: Gerade in diesem Moment, hängen wir in Townsville rum und schreiben diese längst überfällige Mail. Hier ist es jetzt zwei Uhr nachmittags und wir machen uns langsam auf die Socken (Socken, was war das gleich noch?) Richtung Whitesunday-Island.

Draußen weht uns – bei angenehmen 30 Grad im Schatten – eine frische Meeresbrise ins Gesicht. Wir ziehen die Sonnenbrille auf und los geht's. So long, bye, bye, oder wie die Australier gerne sagen: „See ya later, alligator"!

Was uns glatt daran erinnert, dass wir auch schon Krokodile, Koalabären und Kängurus gesehen und gestreichelt haben (auf das Streicheln von Krokodilen haben wir sicherheitshalber verzichtet).

Jurob

P.S. Für Nicht-Hesse: Unnerum ist die hessische Kurzform für eine Reise um die Südhalbkugel.

Wasserfälle gibt es in Queensland an allen Ecken und Kanten. Der Millaa Millaa ist ein besonders hübsches Fallbeispiel.

Cathedral Fig Tree. Umfangreiche Selbstdarstellung des dicksten Baumes der Welt.

FÜR DIE EINREISE NACH AUSTRALIEN BRAUCHEN SIE EIN VISUM. DIE AUSSTELLUNG ERFOLGT NORMALERWEISE AUTOMATISCH MIT DER TICKETBUCHUNG. IST DIES NICHT DER FALL, KÖNNEN SIE EIN TOURISTENVISUM AUCH ONLINE BEANTRAGEN UND BEZAHLEN (10-15 €).

ÜBERLEBENSTEST FÜR AUSTRALIEN

In diesem Tümpel haben sich 38 potentielle Leder-Handtaschen versteckt.

Finden Sie die Lösung, bevor die Lösung Sie findet. Ist es

A) der 23-Stunden schlafende und eine Stunde lang fressende Koala-Bär

B) der intelligente und sprachbegabte Papagei im Bayern-München-Trainingsanzug oder

C) der 200 Millionen Jahre alte Dinosaurier, nur echt mit mindestens 58 Zähnen?

Sollten Sie sich mal in ähnlicher Lage befinden, rammen Sie einfach beide Daumen in die Krokodilsaugen.
Es wird Sie sofort wieder ausspucken. Falls nicht, schreiben Sie uns bitte! Wir ändern dann unsere Meinung in der nächsten Auflage.

„HAAAUAAAJUUUU", so oder so ähnlich wurden wir in ganz Queensland begrüßt. Eigentlich soll es „How are you?" heißen, wenn die Australier den Mund aufmachen und die Lippen bewegen würden. Doch das tun sie eigentlich nie. Auch das allseits beliebte „Hawwwisssgoing" wird ähnlich wie beim Bauchreden nur aus der Magengegend gepresst. Mir persönlich gefällt die läppische Aussprache und ich antworte deshalb meinerseits gerne mit einem gepressten „Bllooddyy Exxxellent".

Neulich hat mich einer mit „G'dai Maid" begrüßt, was mich zuerst ein bisschen stutzig machte ob meiner langen Haare, aber nein, Maid kommt hier nicht von „Schöne Maid, hast du heut für mich Zeit", sondern bedeutet einfach nur Kumpel. Zum Glück, sonst wäre ich sofort zum nächsten Friseur.

Neben seinem genuschelten Englisch ist der Nordaustralier aus dem Sunshine State Queensland (das muss man zum restlichen Down Under schon unterscheiden) sehr höflich, hilfsbereit und außerordentlich zugänglich.

„HAWWWISSSGOING"

Äußerlich erinnern viele Einwohner an englische Sträflinge (Australien war lange Zeit britisches Gefängnis für Kleinkriminelle). Wahrscheinlich sind sie direkte Nachkommen von Handtaschenräubern, Gebrauchtwagenhändlern oder Versicherungsverkäufern. Jedenfalls sind sie weiß und dann rot nach dem Sonnenbaden, immer tätowiert, kurzhaarig, dafür aber mit langem ZZ-Top-Bart. Typischstes Erkennungszeichen ist aber die Dose Bier, die er oft und gerne in der linken Hand hält, während er mit der rechten alltägliche Dinge verrichtet wie Auto waschen, Kippe rauchen, Schniedel halten oder Eier werfen (Rugby).

Neben Australiern erkennen wir mittlerweile auch andere Nationen auf den ersten Blick. Trägt jemand unter Wandersandalen (ein ästhetischer Anschlag von Schuhdesignern) Socken, dann ist es wahrscheinlich ein Deutscher oder ein Schweizer. Marschiert er damit bei über 35 Grad über Felder, Wiesen und Berge, könnten wir unbesorgt unser komplettes Weltreisekonto darauf verwetten, dass es ein Deutscher ist.

Leider mussten wir auch hässlich vergilbte Zehennägel und hornhautbefallene Fußsohlen in Sandalen sehen. Schon vom bloßen Gedanken daran kriegen wir die Krätze und bitten alle, die sich angesprochen fühlen: Macht die Welt ein bisschen schöner und tragt lieber wieder Socken!

Anderes Beispiel: Kleidet sich jemand von der Schirmmütze bis zum Turnschuh in ein sportliches Outfit, sieht aber vom Körperbau eher aus wie ein voller Kartoffelsack, ist es aller wahrscheinlich nach ein Amerikaner. Engländer machen es uns ganz leicht. Sie erkennt man, falls sie überhaupt etwas tragen, an den zu kurzen Röcken oder T-Shirts, unter deren Saum fettes, rot verbranntes Fleisch hervorquillt.

Wir hätten ja viel lieber all die gefährlichen Tierchen beobachtet, die man uns versprochen hat. Aber weder Schlangen noch Quallen, weder Haie noch Krokodile, ja noch nicht mal einen Cassowary (schneller Laufvogel mit messerscharfen Zehen) haben wir bisher in freier Natur gesehen.

Nur eine kleine Giftspinne haben wir entdeckt. Aber auch nur deshalb, weil uns ein Tourguide mehrmals darauf hingewiesen hat. Glaubt ihr, das faule Krabbeltier hätte sich mal bewegt. Sie blieb brav in ihrem Netz sitzen und tat so, als wären wir nicht extra für sie nach Australien angereist. But where is the show? Ist hier denn nichts und niemand wenigstens ein bisschen Hollywood?

Berührungsängste: Das tödliche Gift des Box-Jellyfish reicht für 200 Menschen. Im Notfall kann man an diesen Erste-Hilfe-Stationen Essig auftragen.

EINE REISE DURCH AUSTRALIEN – SO WURDEN WIR OFT GEWARNT – KOMME EINEM SUIZIDVERSUCH GEFÄHRLICH NAHE. KROKODILE, HAIE, WÜRFELQUALLEN, SCHLANGEN UND TRICHTERSPINNEN SIND DIE MEIST GENANNTEN SENSENTIERE. DABEI IST (LAUT EINER STUDIE) DIE WAHRSCHEINLICHKEIT GRÖSSER, DURCH EINEN SEKTKORKEN GETÖTET ZU WERDEN, ALS VON EINER SPINNE. EINE SILVESTERFEIER KÖNNTE FOLGLICH IN EINEM MASSENGRAB ENDEN.

„Man muss schon viel Glück haben, wenn man ein giftiges Tier sehen will“, bedauerte der Tourguide. Hey, was ist los mit dem waaaahhhhnsinnsgefährlichen Down Under? Wir fühlen uns ein bisschen wie in einem Streichelzoo, in einem sehr schönen, das müssen wir schon zugeben.

Die gefährlichsten Tiere – so stellen wir schnell fest – lauern hier nicht in Büschen oder Mangrovenwäldern, sondern sitzen in bis zu 50 Meter langen LKWs. Oder „Road Trains“, wie man hier sagt. Neulich wurden wir bei vorgeschriebenen 100 km/h von so einem Riesenteil in einer Kurve überholt! In einer uneinsehbaren Kurve, wohl gemerkt. Wir trauten unseren Augen nicht. Und sind einfach nur froh, dass nix Schlimmes passiert ist. Immerhin dauerte der Überholvorgang gefühlte fünf Minuten. Passend dazu sahen wir einige Kilometer später ein Plakat am Straßenrand:

ONE LIFE. LIVE IT.

Wir finden den Spruch sensationell und machen ihn prompt zu unserem Reisemotto. Weil er mit nur vier Worten ein Lebensgefühl ausdrückt, worüber schon kiloweise esoterisch angehauchte Sorge-Dich-Nicht-Finde-Zu-Dir-Selbst-Bücher geschrieben wurden. „One Life. Live it!“ Damit ist alles gesagt. Darauf ein frisches, kühles Bier. Wir trinken auf die Australier, die es perfekt verstehen, einfach drauf los zu leben und Spaß dabei zu haben. Mehr noch: Sie sind vermutlich ungekrönte Weltmeister im leben und leben lassen.

GREAT BARRIER REEF: Bis zu 18 Millionen Jahre alt, 2.300 km lang, 1.500 Fischarten, 950 kleine Inseln, 400 verschiedene Korallenarten, 2 Taucher, 1 Kapitän (Joseph).

Feine Strände, glasklares Wasser. Ein Segeltörn zu den Whitsunday-Inseln gibt den Träumen Rückenwind.

Neben Bier fließt hier auch Rum in Hülle und Fülle. Zuckerrohr ist eines der wichtigsten Einnahmequellen des Landes und wird überall auf riesigen Feldern angebaut. Zur Destillierie nach Bundaburg (soll angeblich weltberühmt sein) wird das ganze Zeug dann mit dem Zug transportiert. Was man durchaus riechen kann, wenn man einem zu nahe kommt.

Jutta meinte neulich: „Du, es stinkt gewaltig. Ganz in der Nähe muss ein ziemlich langer Zuckerrohr-Zug sein. Pass bitte auf, dass wir ihm (auf einem der unbeschrankten Bahnübergänge) nicht in die Quere kommen."

„Dann ist unsere Weltreise eben Rum", war meine lapidare Antwort. Okay, dieser Kalauer musste einfach sein. Sorry, aber wenigstens hat Juttilieee herzhaft drüber lachen müssen. Und das war es mir schon wert.

Entschuldigen möchten wir uns an dieser Stelle auch für die schätzungsweise 265 Superlative aus unserem ersten Unnerum-Newsletter. Offensichtlich waren wir von unseren Erlebnissen derart hingerissen, dass eine sachliche Beschreibung gar nicht mehr möglich war.

Das Dumme ist nur: Es geht genauso weiter. Seit unserem Stranderlebnis auf den Whitsunday-Inseln müssten wir eigentlich die Superlative der Superlative einsetzen. Ein Traum von einem Traum. Das Schönste von allem Schönen. Mehr Inselerlebnis geht nicht.

Als wir in Airlie Beach ankamen, buchten wir sofort zwei Touren. Die Erste mit einem 900 PS starken Speedboot. Und die Zweite mit einem Katamaran. Inklusive Tauchgang und Schnorchel-Stunde.

Wie sich eine Ameise fühlen muss, die auf einem springenden Stein sitzt, der über die Wasseroberfläche flitzt, können wir jetzt nach dem Ritt mit den 900 PS gut nachvollziehen. Das Boot flog förmlich übers Wasser und wir sahen viele der 74 Whitsunday-Inseln nur im Schnelldurchlauf an uns vorüberziehen.

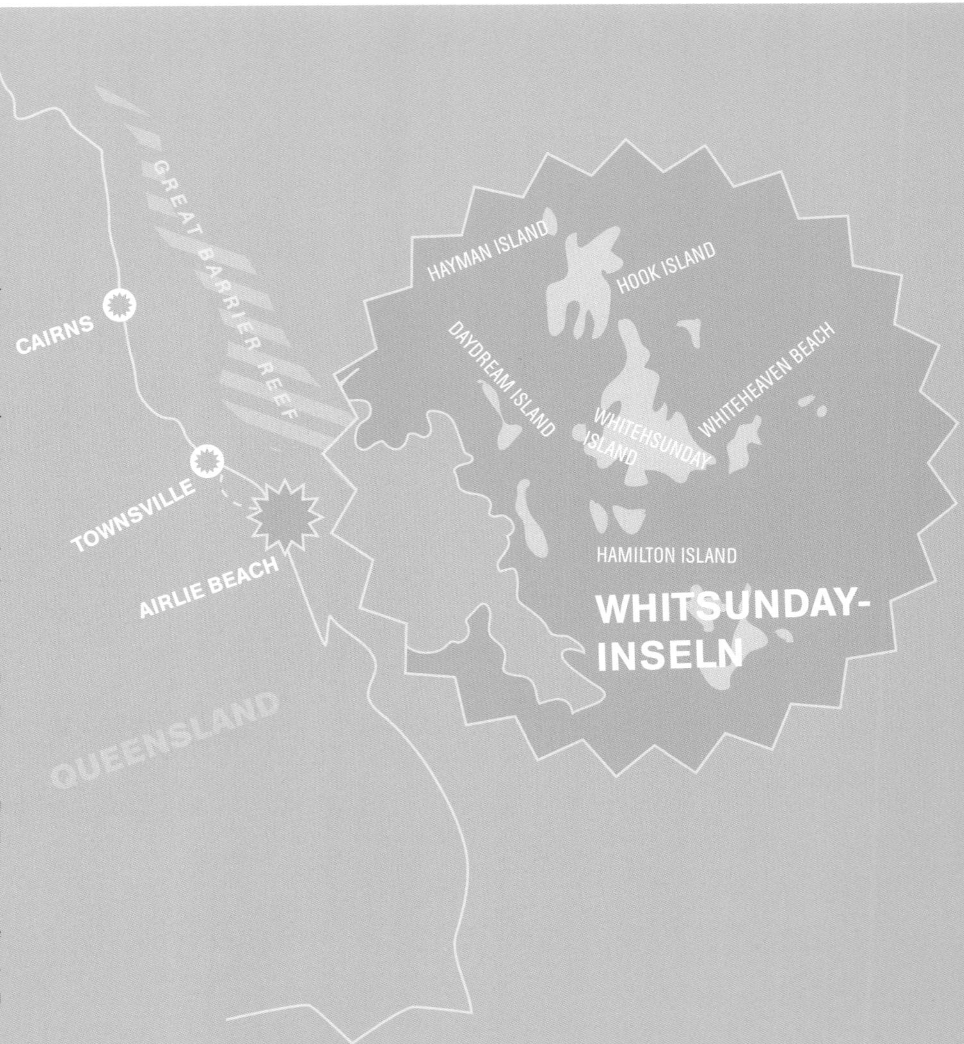

74 WHI

Am allerschönsten Strand der Welt, da leg ich mich jetzt einfach mal fest, dem Whitehaeven Beach, ging der Kapitän vom Gas und wir an Land. Ach, was heißt hier Land! Wir sprangen vom Boot direkt in eine Mehlkiste, an dessen Ufer ein türkisfarbenes Meer schwappte.

Der Sand ist wegen seines Quarzgehalts von 99,7 Prozent so hell, fein und zart, dass er unter unseren Schritten quietschte. Irgendwann ließen wir uns irgendwo einfach fallen und blieben liegen. Stundenlang. Diesen Nachmittag werden wir in unserem Leben nicht vergessen, zu überwältigend war das Gefühl völliger Entspannung und Lebensfreude. Herrlich. Unvergleichlich. Und nicht zu toppen.

Dachten wir. Eine Nacht lang.

Bis wir am nächsten Morgen auf einem Katamaran zur Blue Pearls Bucht segelten. Das Meer war relativ ruhig, der Himmel war tiefblau und die wenigen Schönwetterwölkchen konnten nicht verhindern, dass wir uns einen leichten Sonnenbrand holten. Dazu wehte ein laues Lüftchen in die Segel. Wir saßen zu viert vorne auf den Kufen, ritten über die Wellen und konnten unser Glück nicht fassen.

Auch mit Kapitän Joseph verstanden wir uns blendend. Vor allem sein spontaner Wortwitz brachte uns oft zum Lachen. Wir forderten gleich bei der Hafenausfahrt, dass er bitteschön die deutsche Flagge hissen möchte, schließlich wären wir jetzt mit unseren beiden Mitreisenden Thomas und Marcel aus Mainz in der Überzahl Deutsche an Bord. Dazu meinte er nur verschmitzt, dass er die Flagge nach unserem ersten Tauchgang gerne hissen werde, falls wir dann immer noch in Überzahl wären.

Hm, gut, Ai, Ai Captain. Wir haben verstanden. Er sitzt eindeutig am längeren Ruder.

In der Blue Pearls Bucht tauchten wir zum ersten Mal durch eine Unterwasserhöhle. Es ist schon ein merkwürdiges Gefühl, wenn man mit der Tauchflasche auf dem Rücken unter einem Korallenbogen durch und auf der anderen Seite wieder auftaucht. Leider wurden wir unter Wasser auch Augenzeuge, wie der Mensch das Riff zerstört. Eine fette Qualle (und damit ist nicht das Tier gemeint) trampelte mit ihren Flossen auf den empfindlichen Korallen herum und zerbrach dabei viele kleine Weich- und Kalkteile. In solchen Momenten wünscht man sich eine schnelle Greenpeace-Einsatztruppe, die gestrandete Wale wie diese wieder hinaus aufs offene Meer zieht.

Nach dem Tauchgang blieb noch etwas Zeit zum Schnorcheln. Als Joseph dazu Fischfutter ins Wasser warf, begann das Wasser um uns herum zu brodeln. Hunderte kleine Fische kamen wie winzige Torpedos angesaust und schnappten nach dem Futter. Wir fühlten uns wie in einem riesigen Whirlpool-Aquarium.

Anschließend durften wir uns noch ins Schleppnetz hängen. Bei voller Fahrt macht das besonders viel Spaß, der nur dadurch etwas getrübt wurde, dass Joseph uns vom Boot herab zurief: „That's how we catch sharkes. They like Germans".

Pfannengroße Batfische waren wohl der gleichen Meinung. Sie kamen neugierig zu uns ans Netz und wir durften sie mit Brot füttern. Einer biss mir aus Versehen in den Fuß. Aber das kann schon mal vorkommen, einen deutschen Zeh darf man getrost auch mal mit einem Stück Weißbrot verwechseln. Ich verzieh dem Fisch und wir segelten am Spätnachmittag gemächlich zurück.

Unterwegs kreuzten wir einen anderen Katamaran, der uns spontan an das Flüchtlingsschiff Cap Anamur erinnerte. Drüben klebten an Deck schätzungsweise 30 Touris aneinander. Wir winkten freundlich rüber, aber niemand winkte zurück. Entweder waren sie „pissed" oder sie hatten einfach nicht genug Bewegungsfreiheit, um ihre Arme zum Gruß zu heben.

TSUNDAY-INSELN

99,7 % Quarzgehalt reflektieren die Sonne komplett.

An Pfingstsonntag (Whitsunday) 1770 segelte James Cook durch diese wohl schönste Inselgruppe der Welt.

Offensichtlich hatten wir großen Dussel bei der Buchung. Hätten wir diesen Katamaran einen Tag früher oder später gebucht, hätten wir uns das Sonnendeck vermutlich mit vielen anderen teilen müssen. Wir sind halt Glückskinder. Und darauf wollten wir abends noch einen trinken.

Natürlich blieb es nicht bei dem einen Trunk. Am Ende landeten wir sogar in einer Disco und staunten über die trinkfesten und tanzwütigen Australier. Erst dröhnte normale Bumm-Bumm-Mucke durch den Saal, dann legte der DJ aber „Down Under" von der australischen Band „Man at Work" auf und die Menge begann zu toben. Alle sprangen auf die Bänke und tanzten darauf weiter.

„EUPHORIE BY FREIHEIT"

Dann kam der DJ auf die Idee dem Ganzen die Krone aufzusetzen und spielte „Cotton Eye Joe" von „Rednex" (ebenfalls eine Aussie-Band). Was folgte, ähnelte der Münchner Oktoberfeststimmung kurz vor Zapfenstreich. Alle sprangen von den Bänken auf die Tische und hüpften darauf so wild, dass Biergläser Walzer tanzten und auf den Boden klatschten. Wir wollten nicht mit ansehen was passiert, wenn AC/DC gespielt wird und gingen sicherheitshalber schlafen.

Am nächsten Morgen fuhren wir mit Rachmaninow und dessen zweitem Klavierkonzert nach Frazer Island. Auf dem Weg dorthin überquerten wir – ohne es zu wissen – die Klimazone von „Subtropisch" auf „gemäßigtes Klima". Auf Höhe Rockhamton wurde es plötzlich spürbar kühler. Die Temperatur fiel von 32 auf 26 Grad. Und es waren Wolken zu sehen.

Noch am selben Abend erwischte uns ein heftiger Schauer, den wir aber geschickt als Dusche zu nutzen wussten. Wenn uns einer gesehen hätte, säßen wir wohl heute noch im Irrenhaus: Wir sprangen nackt über den Campingplatz, lachten und tanzten. Diese Krankheit nennt man „Euphorie by Freiheit", kommt aber im streng reglementierten Deutschland höchst selten vor.

1935 lief während eines Zyklons der Luxusliner S. S. Maheno auf Grund.
Heute sind nur noch die oberen Decks sichtbar.

Wie ein Schiff auf hoher See schaukelte uns dieser Unimog über die Insel.

Bei Frazer Island angekommen, buchten wir zwei Tage Wildnis pur, inklusive Übernachtung im 3-Sterne-Zelt. Unsere beiden Tourguides Peter und Ross zeigten uns in einem allradangetriebenen Unimog die unbewohnte Insel. Zuvor aber setzte uns die Fähre einige Meter vor dem Strand ab, wodurch wir in den Genuss unseres ganz privaten D-Days kamen.

So mussten es die Briten und Amerikaner damals an der französischen Küste erlebt haben: Erst bis zur Motorhaube ins Wasser, dann Vollgas über den Strand und steil hinauf ins Gebüsch. Wow, was für ein spektakulärer Auftritt.

Auf der Insel selbst gibt es bis auf eine einzige Ausnahme nur tiefe Sandpisten. Ohne Allrad wäre man hier hoffnungslos verloren. Die Ausnahme ist der sogenannte Highway: Ein 75-Miles-Beach, auf dem Fahrzeuge aller Art mit bis zu 100 km/h entlang brettern. Vorbei an einem gestrandeten Schiffswrack bis zu einem natürlichen Salzbadesee, in dessen Senke mit jeder Welle die Gischt des Meeres spritzt. Daher auch sein verlockender Name: Champagner Pool.

FRASER

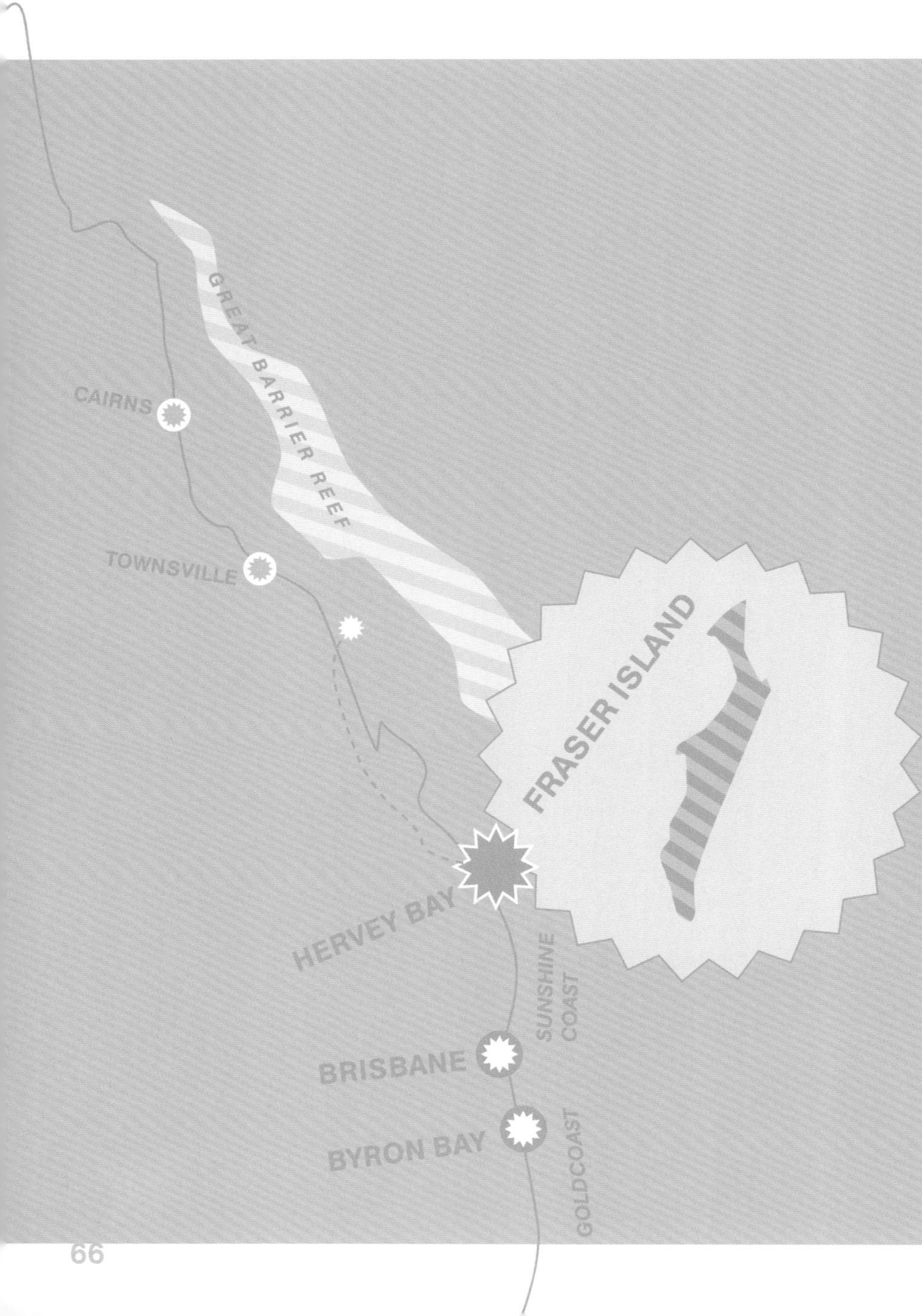

Abends im Camp lernten wir unsere Truppe näher kennen. Molly aus Sydney, Michael und Katharina aus Aschaffenburg, ein paar Holländer, zwei Berlinerinnen und last but not least Hartmut, ein aufgeweckter, jung gebliebener und reisefreudiger Hamburger nebst Gattin.

Was wollen wir euch erzählen? Ihr kennt uns. Und wisst, dass der Abend mit Wein und Bier etwas länger verlief, als es der Zeitplan vorgesehen hatte. Offizielle Weckzeit war sechs Uhr. Papperlapapp, lächerliche sechs Uhr. Wir wollten doch den Sonnenaufgang sehen und saßen daher schon um fünf oben auf der Sanddüne.

Es war der gebührende Auftakt eines weiteren ereignisreichen Tages. Nach einem ausgiebigen Frühstück kletterten wir auf Klippen, die weit ins Meer hinausragten, badeten unter blauem Himmel in flaschengrünen Seen, sahen vom Aussterben bedrohte Dingos und schaukelten schließlich über die Sanddünen zurück zur Fähre und damit zurück nach Hervey Bay aufs Festland.

ISLAND

Molly wird uns – das hat sie uns hoch und heilig versprochen – in wenigen Wochen Sydney zeigen. Wir freuen uns auf ein Wiedersehen, sagten „Good bye" to everyone und fuhren an der Sunshine Coast entlang nach „Brissie", wie die Australier Brisbane nennen. Brisbane war unsere erste Millionenstadt nach Hong Kong und wir genossen diese Abwechslung mit Shopping, Flussfahrten und Café-Besuchen.

Die Stadt hat zwar nicht alles, was zu einer ausgewachsenen Großstadt gehört, dafür scheint hier aber ganzjährig die Sonne. Und sie scheint auf viele Grünanlagen, auf einen schönen, ruhigen Fluss und auf liebliche, direkt am Meer gelegene Vorstadtviertel. Keine Frage, Brisbane ist eine Stadt mit sehr angenehmem Flair und entsprechend hoher Lebensqualität.

122 KM LANG, 15 KM BREIT, FAST 200 SÜSSWASSERSEEN, 350 VOGELARTEN, BESONDERE TOURISTENATTRAKTION: DINGOS

Etwa 60 Kilometer von Brissie entfernt liegt im Hinterland das herrliche Mary Valley. Wir fuhren auf diesem Abstecher durch Raum und Zeit und hielten in Ortschaften, von denen man meinen könnte, sie hätten sich seit den 50er Jahren nicht verändert. Bei Malany kamen wir durch Zufall an einem deutschen Restaurant vorbei. Draußen auf dem Schild stand „King Ludwig. Deutsche Küche. Frisches Weizenbier". Ich also nix wie auf die Bremse, ein Weizenbier, das musste jetzt einfach sein.

Hot girls in cold water. Molli und Jutta im kristallklaren Eli Creek.

So macht der Flieger.
Und landet tatsächlich am 75-Miles-Beach.

Mein Schatz am Silbersee. Der hohe ph-Wert des Lake Mc Kenzie reinigt Silber und wirkt wie eine Haut- und Haarkur.

Wir und die Wanderdüne. Alle auf dem Weg zum Lake Wabby.

Terrassen-Blick vom bayerischen Restaurant „King Ludwig“ bei Maleny. Vor uns liegen die Glass-House-Mountains, hinter uns das immergrüne Mary-Valley mit den Städtchen Gympie und Kenilworth.

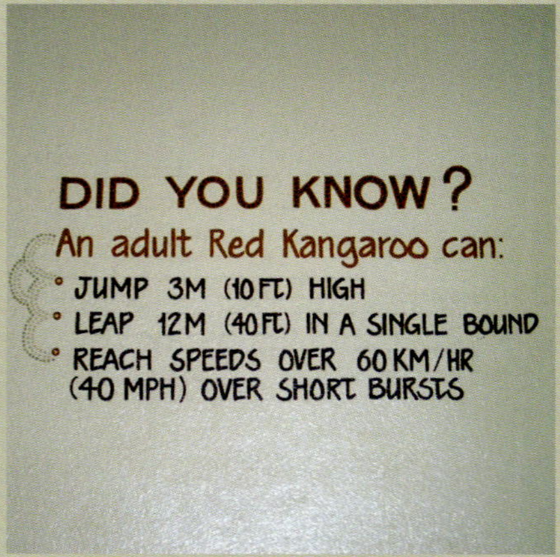

Wussten Sie, dass Kängurus nicht rückwärts springen können?

Der springende Punkt im australischen Gesetz:
„Sex mit Kängurus ist nur im betrunkenen Zustand erlaubt."

Es kam, wie es kommen musste. Aus einem wurden zwei. Und aus zweien wurden Kotelett und Heringssalat. Mit anderen Worten: Wir blieben wieder einmal länger als geplant. Es war aber auch zu schön. Schon die geschmackvoll eingerichtete Gaststube vermittelte ein Wohlfühl-Gefühl. Und Klaus und Barbara (Chef und Chefin aus Bayern) waren so herzlich, dass wir schnell einen guten Draht zueinander fanden.

Irgendwann kamen auch noch Schnäpse auf den Tisch, was uns augenblicklich fahruntüchtig machte. Also blieben wir (wir hatten keine Wahl) und soffen weiter. Es wurde unser erster richtiger Reise-Rausch. Und die Folgen dieser Unachtsamkeit hielten sich hartnäckig noch zwei ganze Tage lang.

In dieser Zeit wollten wir alles etwas ruhiger angehen und besuchten zunächst Freshies und Salties im berühmten Australia-Zoo. „It's the home of Steve Irwin", dem deutschen Fernseh-Zuschauer auch bekannt als „Crocodile Hunter", der 2006 mit einem Rochenstachel im Herzen starb.

IN AUSTRALIEN HAT DER POSTBOTE EINEN ABWECHSLUNGSREICHEN BERUF. ER WIRFT SEINE BRIEFE NICHT NUR IN GRAUE KÄSTEN MIT SCHLITZ, SONDERN AUCH IN AUSGEDIENTE WÄSCHETROMMELN, MILCHKANNEN, HUNDEHÜTTEN, FERNSEHGERÄTEN ODER MIKROWELLEN. BING! SIE HABEN POST. UND MUT, WENN SIE DIESE AUSTRALISCHE KREATIVITÄT IN DEUTSCHLAND NACHAHMEN.

Freshies sind Süßwasser- und Salties Salzwasserkrokodile. In einer Aqua-Show wurden wir von der Sprungkraft der Salties überrascht. Hättet ihr gewusst, dass diese fetten, schwerfälligen Biester bis zu drei Meter hoch springen können? Ich meine, Kängurus können auch hoch springen, sind dabei aber weniger gefräßig, was das Streicheln angenehmer macht, weil man hinterher nicht alle Finger, Hände und Arme nachzählen muss.

„VOM REGENWALD ZUR HASCHPFEIFE"

Heil davon gekommen sind wir auch auf unserer Regenwald-Tour durch den Lemington National Park (immerhin Weltkulturerbe). Ziel war ein im Dschungel versteckter Wasserfall. Und um ihn zu finden, mussten wir fünf Stunden auf einem schmalen Trimm-Dich-Pfad für Zirkusartisten wandern, springen, klettern und über querliegende Bäume balancieren. Weil einige akrobatische Verrenkungen eher an Körperstellungen des Kamasutras erinnerten, waren wir am Ende ganz froh darüber, dass wir wieder unverknotet aus dem Urwald kamen.

Kontrastprogramm Byron Bay: Eben noch wohltuend ruhiger Regenwald, plötzlich Highlife und Party. Schon kurz nach dem Parken auf dem Campingplatz wurde uns klar: Wir sind in der legendären Hippie- und Aussteigerstadt Byron Bay. Denn keine zwei Minuten später kam ein volltrunkener Brite auf uns zugewankt und bot uns kostenloses Haschrauchen an. Wir mussten lachen, was ihn verwirrte. Vom Regenwald zur Haschpfeife in nur einer knappen Stunde. Echt Grass! (Nicht Gras! Das wurde uns aber später auch noch angeboten.)

Statt uns gemeinsam mit besoffenen Briten zuzudröhnen, wählten wir das Alternativprogramm und gingen ins Konzert. Am Mikrophon stand Renee Geyer, eine Jazz-Soul-Funk-Sängerin mit umwerfendem Organ. Nach dieser Gänsehautvorstellung schlenderten wir noch lange an der Gold Coast entlang und ließen unsere bisherige Reise mit dem „Soundeffekt: Wellenrauschen" Revue passieren.

Ranking der dümmsten Fragen in Byron Bay:

1) „IST DIESER PLATZ NOCH FREI?"
2) „KANNST DU SURFEN?"
3) „GIBT'S HIER HAIE?"

Der Koala-Bär bewegt sich mit der Geschwindigkeit eines Schalterbeamten. Koala heißt auf Deutsch übrigens „Kein Wasser“. Die Aborigines gaben ihm diesen Namen, weil er nie aus Pfützen oder Seen trinkt. Seine lebensnotwendige Wasserration nimmt er ausschließlich über Eukalyptusblätter auf.

Dabei stellten wir fest, dass wir zur Abwechslung mal etwas Urlaub vom Urlaub brauchen könnten. Und zwar bevor die unter Weltreisenden gefürchtete „Moving Sickness“ bei uns zuschlägt. Außerdem müssen Erinnerungen dringend abgespeichert und beide Köpfe neu programmiert werden.

Am besten funktioniert dieses Downloaden am Strand, in praller Sonne liegend. In meiner Fantasie bilde ich mir ein, dass durch die Hitze das Hirnwasser in meinem Oberstübchen schneller trocknet und dadurch zusätzliche Speicherkapazität freigelegt wird. „Schatz, könntest du mir die Zwangsjacke bitte wieder anlegen?“

Denn für DU so scheint es, braucht man einen größeren Kopf. Dieses Land, dessen Fläche übrigens ganz Europa inklusive Mittelmeer wie ein Tischtuch abdecken könnte, hat überall wunderbare Orte, Strände und National Parks.

Wenn wir jeden einzelnen Tag im Detail beschreiben müssten, wäre diese Mail wahrscheinlich fünfmal so lang und ihr bräuchtet einen ganzen Vormittag auf dem Klo, um sie zu lesen. Das würde euch die Zeit stehlen, die ihr für den Kauf von Weihnachtsgeschenken besser gebrauchen könntet und mir täten die Finger weh. Also hätte keiner was davon.

Bleibt in der stressigen Vorweihnachtszeit lieber gelassen und denkt beim nächsten Eukalyptus-Halsbonbon oder Eukalyptus-Erkältungsbad auch mal an uns. Hier wächst das Zeug nämlich wie Unkraut. Überall stehen Hustensaftbäume, manchmal sogar mit Koala-Bären drin.

Jurob

P.S. DU ist nicht die Abkürzung für Druckunterlagenschluss oder Damenunterwäsche oder Dummbatz oder so. DU steht in Australien einfach nur für Down Under.

Der vom Aussterben bedrohte Cassowary sieht harmlos aus,
ist aber mit seinen scharfen Krallen einer der gefährlichsten Vögel der Welt.

„HO! HO! HO! LET IT SNOW....LET IT SNOW....LET IT SNOW!“

Im Brustton tiefster Überzeugung singt der batteriebetriebene und hüftschwingende Weihnachtsmann dieses Lied in Broken Hill, obwohl es zu dieser Jahreszeit schon mal gut und gerne 45 Grad im Schatten werden können.

Aber so sind sie halt, die Aussies, grenzenlos optimistisch. Dass sie hier keine Rodelschlitten oder Gletscherhaken verkaufen ist ein kleines Wunder. Sie lassen sich Weihnachten eben nicht von sommerlichen Höchsttemperaturen verderben und schmücken weiterhin fleißig ihre Plastiktannen. Dazu singen sie „Schneeflöckchen, Weißröckchen“, selbstverständlich auf Englisch, und warten brav auf das Christkind, das natürlich niemals in diese gottverlassene Gegend kommen, geschweige denn, bei dieser Hitze auch noch Geschenke mitschleppen würde.

„EIN Ü, EIN Ö UND EIN Ä“

Falls sich das Christkind aber wider erwarten doch hierher verirren sollte, dann wünschte ich mir drei kleine Dinge von ihm: Ein ü, ein ö und ein ä. Und zwar hier auf meiner Computer-Tastatur*. Denn das ständige Ausschreiben der Umlaute nervt. Und mein vom Aussterben bedrohtes „ä“ vermisse ich mindestens so sehr wie Weihnachtsgans und Weishaupt-Lebkuchen.

**Da auf internationalen Tastaturen keine Umlaute vorhanden sind, waren im Orginal-Text alle ae, ue und oe ausgeschrieben. Siehe nächster Absatz.*

Ja, lacht nur. Schließlich bin ich Hesse beziehungsweise „Aschebaeschaee“, und da fuehlt man sich ohne „ae“ halt nur als halber Bub. Zum Glueck sind wir keine Tuerken und schreiben an tuerkische Freunde. Die Armen muessen beim Tippen ihrer vielen Ues und Oes doch vor Verzweiflung in die Tasten beißen.

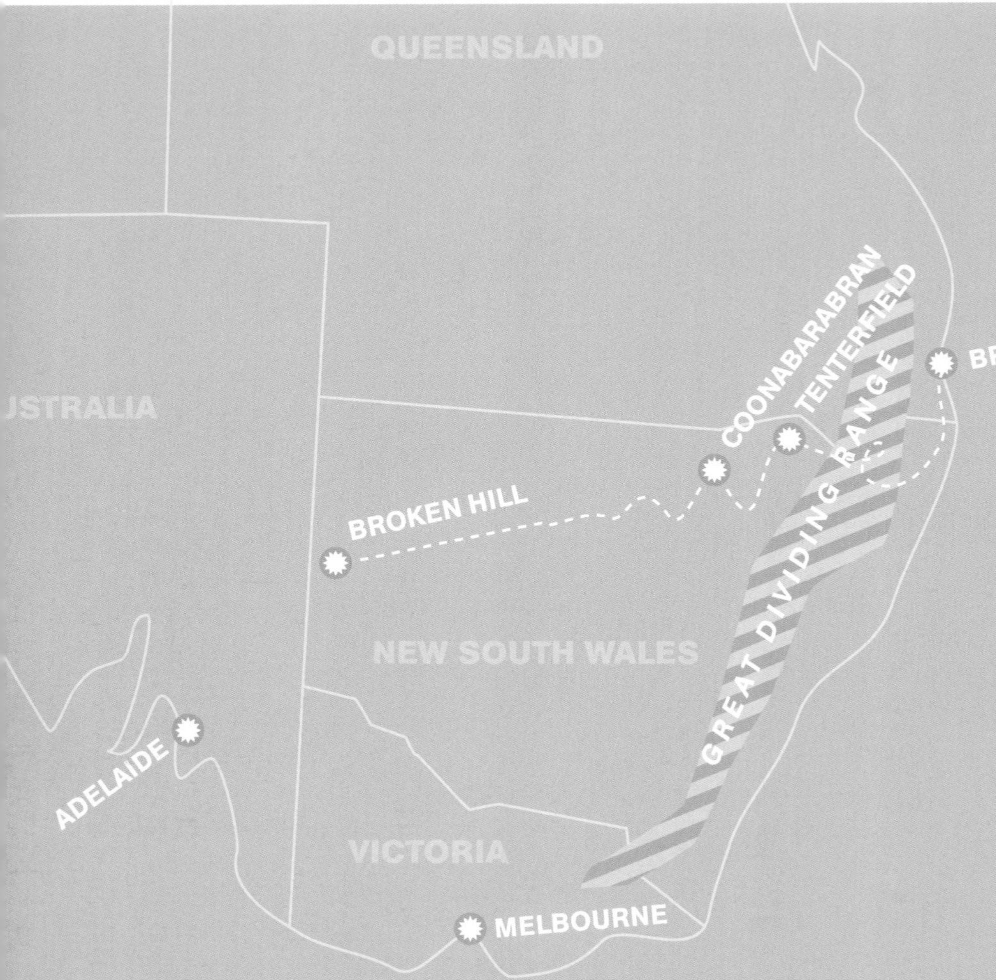

Zur Entspannung empfehlen wir eine Fahrt in den eintönigen Outback. Auf diesem „Friedhofsweg der Kuscheltiere“ ist Aufregung und Abwechslung recht selten. Hier und da klebt zwar mal ein Känguru oder Wombats auf dem Asphalt, aber sonst gibt es da draußen nur wenige Anhaltspunkte. Es geht ja auch immer nur geradeaus. Jeder Fahrer könnte problemlos sein Hirn auf Autopilot umstellen, ohne dass es jemand merkt. Das wiederum könnte die hohe Zahl der Kadaver im Straßengraben erklären.

Damit wir nicht in diese Gedankenstarre fallen, lernten wir fleißig Englisch-Vokabeln. Und dabei so wichtige Sätze wie „He has not enough sense to come in out of the rain“, was so viel bedeutet wie: „Der Typ ist doof wie fünf Meter Feldweg“. Na ja, man weiß ja nie, wozu man diesen Satz noch mal brauchen kann.

So ganz nebenbei war es auch schön mit anzusehen, wie sich das Land von der Küste bis nach Broken Hill verändert. Zunächst überquerten wir die Great Dividing Range, Australiens größte und längste Gebirgskette, die sich von Brisbane bis an die Südspitze Victorias erstreckt. Dahinter liegt – wer hätte es gedacht – das „Hinterland“ (heißt hier wirklich so). Gemeint ist damit ein etwa 300 bis 700 Kilometer breiter Grünstreifen mit Hügeln, Wäldern und grünen Wiesen, auf denen Rinder, Schafe und Pferde friedlich um Billabongs grasen.

HINTER BILLABONG

Billabong! Wie schön das klingt. Dabei ist es nur ein einfaches Wasserloch. Aber Wasserloch klingt eben nicht so schön wie Billabong. Vielleicht ist der Begriff auch nur des Klanges wegen zu einem australischen Kultwort geworden. So gibt es hier Billabong-Wassereis, Billabong-Surfbretter, Billabong-Modeaccessoirs und Billabong-Unterwäsche. Letzteren Bezug zum Wasserloch können wir wenigstens noch halbwegs nachvollziehen.

Irgendwann verschwinden die Berge, die Wälder und auch die Billabongs. Bäume werden zu Büschen. Und Büsche werden zu Sträuchern. Das dunkle Grün der Weiden wird immer gelber und verwandelt sich schließlich zu einem verdorrten Braungelb. Dennoch grasen weiterhin Kühe und Schafe.

Was genau sie grasen, bleibt uns schleierhaft. Klar ist nur, dass sie weniger fressen, denn sie sind deutlich magerer. „Von hier kommt also die Magermilch", denken wir laut, lachen darüber und spinnen uns sogleich eine glaubhafte Unternehmensgeschichte zurecht, die von einem marketingstudierten Bauern, Tschuldigung: Ökonom und seiner übergewichtigen aber diätfreudigen Bäuerin handelt. „Heute haben sie Cash Cows und sahnen damit richtig ab", vermutet Jutta und wir lachen uns einen Ast, obwohl dieser nur noch höchst selten in dieser Gegend wächst.

Leider gibt es in diese Dürre auch etwas, was zunimmt: die Anzahl der Fliegen. Fliegen, die eine besondere Vorliebe für menschliche Augen, Ohren und Nasen haben. Von den mitteldeutschen Stubenfliegen unterscheiden sie sich äußerlich kaum. Sie sind nur viel schneller und hartnäckiger, was wiederum das Verjagen oder Totschlagen schwierig macht. Sie fliegen mit „doppelter Touristengeschwindigkeit", wie ich leider feststellen muss. Da hilft selbst die größte Fliegenklatsche nix.

LAND

DIE GEBEN
NUR
MAGERMILCH.

Billabong klingt nicht nur schöner als Wasserloch, es sieht auch irgendwie schmackhafter aus.

BEI BIS ZU 3 MONATEN AUFENTHALT LOHNT SICH DAS MIETEN EINES CAMPER-VANS. BBQ-KOCHSTELLEN UND CAMPINGPLÄTZE MIT DUSCHEN FINDEN SIE ÜBERALL AUF DEM KONTINENT. WER LÄNGER IM LAND BLEIBT, SOLLTE DEN AN- UND VERKAUF EINES AUTOS IN ERWÄGUNG ZIEHEN. ACHTEN SIE DABEI UNBEDINGT AUF DIE GRÜNE (TÜV-)PLAKETTE. GRÖSSTER AUTOMARKT IST DER „KINGS CROSS CAR MARKET“ IN SYDNEY.

Landschaft im Boondoo Boondoo Nationalpark bei Tenterfield, dem Geburtsort des Australischen Staates.

Das kommt davon, wenn der Gärtner zu viel Fernsehen sieht.

Hinterland ist Rinderland. Hier bei Coonabarabran, dem kleinen Ort mit großem Observatorium.

Erst nach Sonnenuntergang setzen sich die Biester zur Ruhe. Und wir mit ihnen. Dann endlich hört das ständige „vor dem Gesicht wedeln" auf und wir können mit unseren Händen besseres anstellen. Essen zum Beispiel. Jutta sieht derweil diese fliegende Tatsache ganz gelassen und erkennt: „Das wahre Paradies gibt es nicht. Irgendwas stört immer."

Recht hat sie. Zumindest bisher. Auf Bali war es die Armut der Bevölkerung. An den Stränden in Queensland war es der fiese Box Jelly Fish (eine giftige Qualle, die ihre Tentakel vorzugsweise nach Menschen ausstreckt). Und hier ist es neben der extremen Trockenheit diese quicklebendige Schmeißfliege. In Deutschland ist es aus unserer Sicht übrigens der verregnete, vernebelte, grautrübe, fünfmonatige Kalte-Ohren-und-Füße-Winter.

Brrrr... uns fährt schon beim Schreiben und Lesen dieses Satzes ein feuchter Schauer über den Rücken. Da suchen wir lieber ganz schnell die Kurve nach Broken Hill, obwohl auch das leichter gesagt ist als getan, denn im Grunde ging es die letzten 400 Kilometer nur geradeaus.

Broken Hill ist in Australien keine Stadt, sondern eine Legende. Eines Tages so um 1870 kamen Goldgräber in diese Gegend und fanden Silber. „So ein Pech", dachten viele und zogen weiter. Doch ein paar Ausgebuffte bohrten weiter und wurden reich. Wie und warum, dem sind wir auf den Grund gegangen: In einer alten, stillgelegten Mine mit dem paradoxen Namen „Daydream".

Mit Helm, Stirnlampe und Tourguide krochen wir, ähnlich wie die Arbeiter damals, in ein enges, stockfinsteres Loch und waren nach dem Ausschalten unserer Leuchten überrascht, wie dunkel Dunkel sein kann. Wir konnten einfach nicht glauben, dass Menschen unter solchen Bedingungen stundenlang arbeiten mussten und fragten nach, wie das Leben damals so war.

„Na ja", sagte der Guide, „hart und kurz. Über 40 ist hier keiner geworden."
Wahnsinn, wir nahmen an, dass die primitiv gebauten Stollen oft einstürzten und viele Bergleute unter sich begruben.

„Nee, nee", winkte er ab: „Haupttodesursache war damals die Leberzerrhose."
„Häääää? Warum das denn?"
„Ganz einfach", erzählt er weiter, „sie haben zu viel Alkohol getrunken." Logisch, warum sind wir nicht gleich darauf gekommen? Sie haben aus Freude über ihre Funde oft ausschweifende Saufabende veranstaltet.

„Nicht aus Jux und Dollerei", stellte er richtig, „sondern weil es damals das günstigste Mittel war, die Atemwege wieder frei zu bekommen. Um nicht zu ersticken, tranken sie täglich nach 12-stündiger Arbeit eine halbe Flasche Whisky und schliefen anschließend im Sitzen."
Ach du liebe Neune, wir bekamen schon vom Zuhören einen krummen Rücken und machten uns schnell vom Acker.

Gute Mine zum bösen Spiel.

DIP = Denk Immer Positiv!
Auch wenn Sie auf Reserve fahren und die nächste Tankstelle 745 Kilometer entfernt ist.

973 Schafe in 24 Stunden. Der Australier Brendon Boyle hält den Weltrekord beim Schafe scheren (Stand 04/2007).

Nach einem Sonnenuntergang der Kategorie „Never forget“ war auch für uns Schicht im Schacht. Wir dankten noch im Halbschlaf dem lieben Gott für die späte Geburt und schliefen nüchtern, warm eingepackt und lang ausgestreckt unter klarem Wüstenhimmel ein.

Filmwechsel. Am nächsten Morgen liegt ein Western auf der Rolle. Nach kräftigem Frühstück und starkem Kaffee besuchen wir die verlassene Kleinstadt Silberton. Zehn, fünfzehn Häuser im Stil einer Westernkulisse sowie ein paar ausgediente Pferdekarren, Postkutschen und Wassertränken lockten auch schon Hollywood in diese staubige Gegend. Für Mad Max zum Beispiel und einige andere Filme.

„WIE IN MITTELHESSEN, ENDE AUGUST“

Total von der Rolle waren wir auf der darauffolgenden Fahrt hinaus aus der Wüste. Denn schon nach „nur“ 500 Kilometer veränderte sich die Landschaft radikal. Jutta brachte es auf den Punkt: „Hier sieht's plötzlich aus wie in Mittelhessen, Ende August“ und meint damit die wohl größte Kornkammer Australiens.

Hier wächst das Brot von morgen. Hier wächst das Futter für das Vieh. Hier wächst die Gerste für das Bier. Hier wächst scheinbar alles, was man zu einer guten, ausgewogenen Ernährung braucht. Sieben verschiedene Getreidesorten, wie uns ein Bauer verrät. Und jede davon in einer anderen Farbe. Wir fuhren über einen Flickenteppich von Feldern und bewunderten dabei ein einzigartiges Kornmosaik von etwa 500 Kilometer Länge.

Stellt euch vor, ihr rollt auf einer einfachen Landstraße von Frankfurt bis in die Vororte Hamburgs. Rechts und links der Straße wachsen goldgelbe Kornfelder so weit das Auge reicht. Auf manchen liegen schon Strohballen, während auf anderen ein Bauer gerade die Ernte einfährt. Alle 50 Kilometer fahrt ihr durch ein kleines Dorf mit niedrigen Häusern und hohen Silos. Und irgendwann kommt ihr in ein kleines Städtchen, geht in eine Bäckerei und kauft einen Christstollen, der leckerer schmeckt, als alle Christstollen, die ihr je zuvor gegessen habt.

GREAT OCEAN

So war es wirklich. Nichts ist frei erfunden. Und kaum etwas ist übertrieben.
Tatsächlich passiert ist auch folgende Geschichte.

Eines schönen Abends im Januar 1990 traf sich auf der „London Bridge" (eine Landzunge an der Südküste Australiens) ein liebestolles Paar, beide verheiratet, zu einem Techtelmechtel. Dummerweise brach an diesem Abend das Verbindungsstück sprich die Brücke zum Festland. Natürlich war die Romantik dahin. Schlimmer noch: sie saßen fest, zurück schwimmen ging auch nicht, die Klippen waren zu steil.

Bald darauf kamen drei Hubschrauber. Im ersten saß die Presse, schoss Photos und brachte die beiden groß auf die Titelblätter. Im zweiten saß der Rettungsdienst und im dritten der Scheidungsanwalt. Tja, wie heißt es so schön: Kleine Sünden straft der liebe Gott sofort.

Neben dem noch stehenden „Brückenpfeiler" der eingestürzten „London Bridge" ragen weitere Sandsteinfelsen wie schlechte Zähne aus dem Meer. Man nennt sie auch, um noch mal auf Gott zurück zukommen, die 12 Apostel. Die Great Ocean Road selbst schlängelt sich über 250 Kilometer an der Südküste entlang. Mal verläuft sie hoch oben auf den Klippen, mal unterhalb schroffer Felswände. Mühsam gebaut wurde sie nach dem ersten Weltkrieg von rückkehrenden australischen Soldaten. Welch herzlicher Empfang! Vom Graben in den Graben. Wer den Stellungskrieg überlebte, der kam direkt zum Straßenbau.

„Arme Säcke!", denkt man. Aber hier in Australien werden Soldaten leicht zu Volkshelden. In jedem kleinen Ort steht mindestens eine Gedenktafel für Gefallene und ein Kriegsmuseum für Überlebenden. Beides ist immer leicht daran zu erkennen, dass davor eine alte Kanone, ein rostiger Panzer oder eine ausgediente Flak droht.
Dazu muss man wissen, dass Australien – so seltsam das auch klingt – an allen Kriegen des letzten Jahrhunderts teilgenommen hat. Grund: Sie sind politisch noch sehr eng mit England (Commonwealth) verbunden und mussten jedesmal auf Geheiß der Queen daran teilnehmen, ob sie wollten oder nicht.

Nach deliziösen Zwischenstopps in den Fischrestaurants von Apollo Bay, Lorne und Torquay kamen wir auf der Great Ocean Road nach Melbourne. Oder Melb, wie die Einwohner diese Drei-Millionen-Stadt nennen. In der City sieht es auf den ersten Blick aus wie in vielen Großstädten. Große Einkaufszentren, lange Bummelmeilen und hier und da mal ein historisches Bauwerk.

ROAD

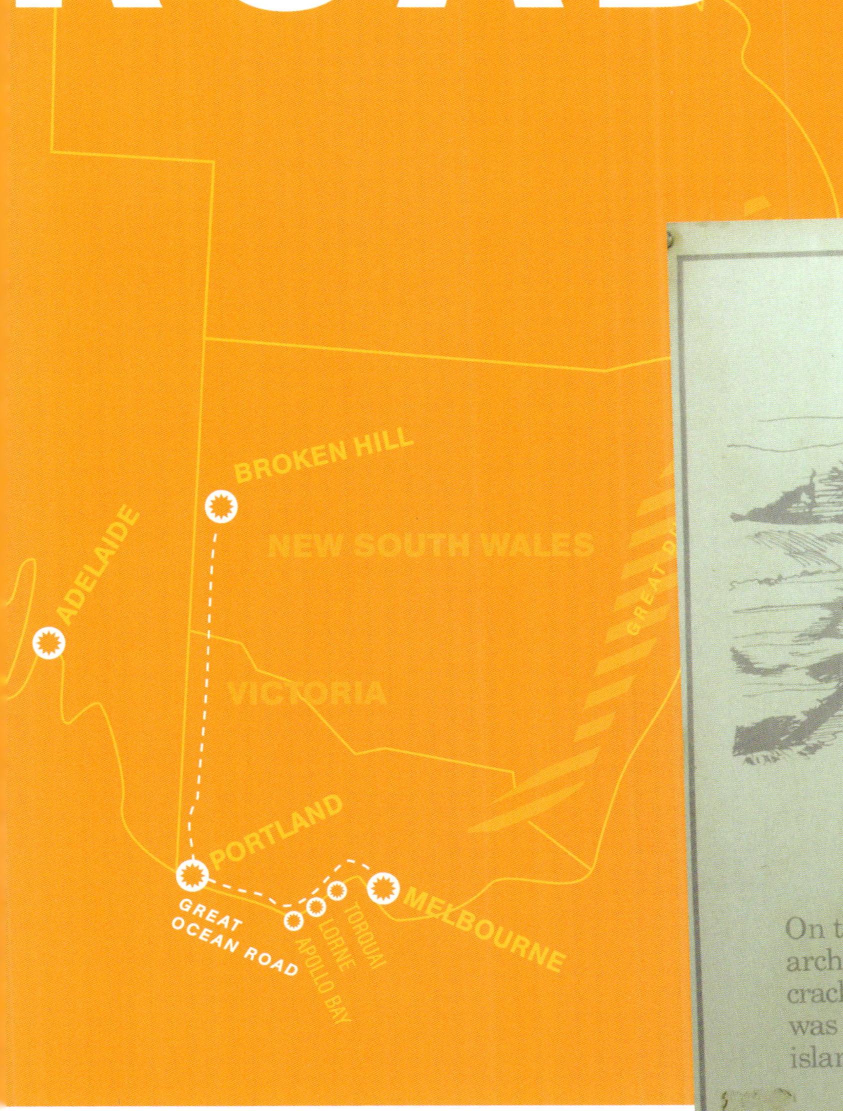
BROKEN HILL
NEW SOUTH WALES
ADELAIDE
VICTORIA
PORTLAND
MELBOURNE
GREAT OCEAN ROAD
APOLLO BAY
LORNE
TORQUAY

London Bridge
London Bridge before its collapse
On the evening of 15 January 1990 the main arch connecting London Bridge to the mainland cracked and fell into the sea. Fortunately no-one was injured. Two people marooned on the new island were rescued hours later by helicopter.
Princetown
The Twelve Apostles
Loch Ard Gorge
Port Campbell
The Arch
London Bridge
You are here
Port Campbell National Park
PARKS INFORMATION

Von den 12 Aposteln sind nur acht standhaft geblieben.
Die anderen sind durch natürliche Erosion eingestürzt.

Kann auch mal ins Auge gehen:
Die Fliegenplage während des australischen Sommers.

AUSSIES (AUSTRALIER) LIEBEN ABK (ABKÜRZUNGEN) UND VERNIEDLICHUNGSFORMEN. SIE KOMMEN AUS MELB (MELBOURNE) ODER BRISSIE (BRISBANE), TREFFEN SICH AN CRISSIE (WEIHNACHTEN) ZUM BREKKIE (FRÜHSTÜCK) ODER ZUM BARBIE (BARBECUE) UND GRÜSSEN DICH MIT G'DAY (GOOD DAY), FALLS SIE ZUVOR NICHT VON EINEM MOZZIE (MOSKITO) GESTOCHEN ODER VON EINEM CROCKS (KROKODIL) GEFRESSEN WURDEN.

Shopping am Queen Victoria Market.

Mit der Tram ins Künstlerviertel Prahran.

Boutiquen, Designerläden, Trödelmärkte. Melbourne hat alles, nur keine Schickeria.

SNOWY MOUNT

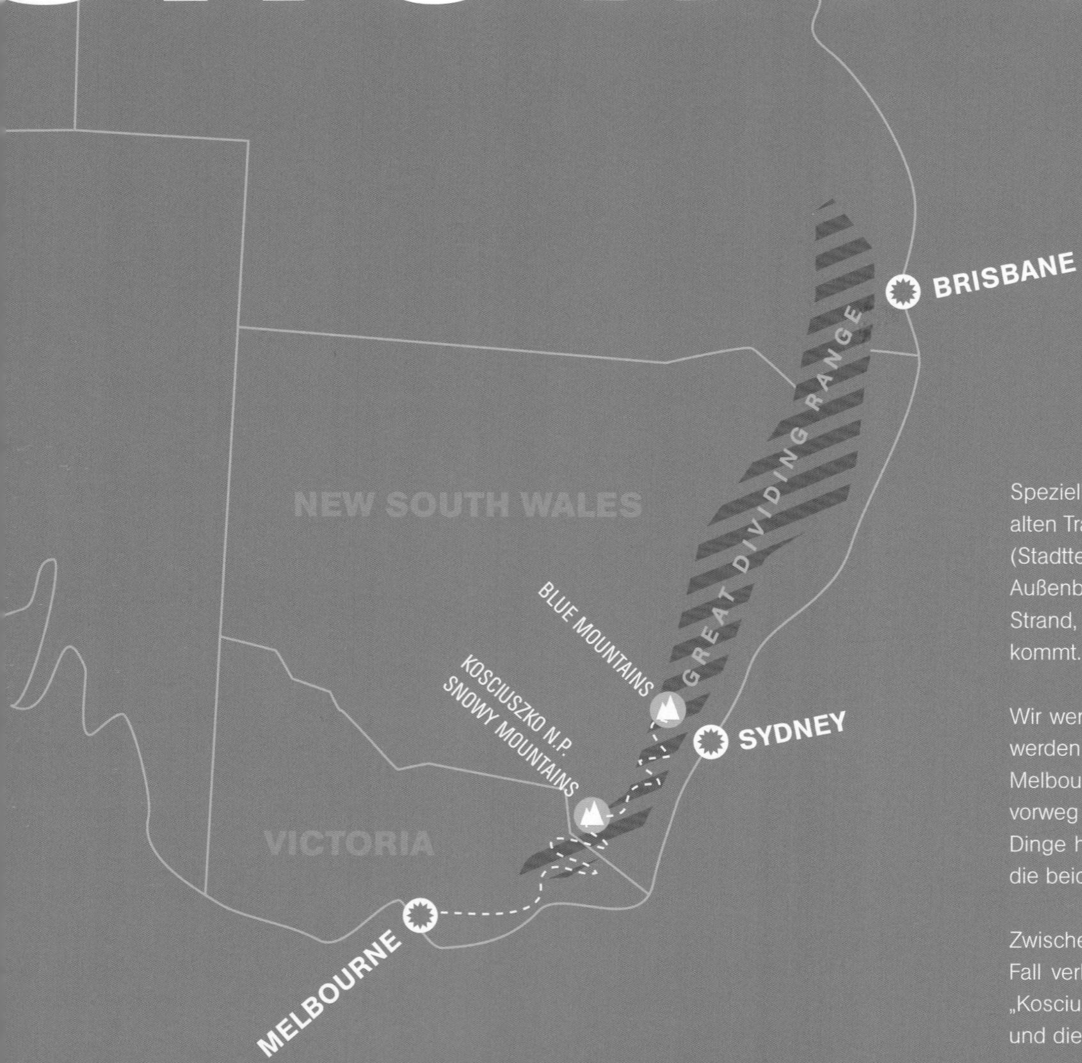

Speziell wird Melbourne erst auf den zweiten Blick, nämlich dann, wenn man in eine der alten Trams steigt und mit ihr raus in die Vororte fährt. Zum Beispiel in die Brunswick Street (Stadtteil Fitzroy), in die Chapel Street (Prahran) oder nach St. Kilda, einem quicklebendigen Außenbezirk: jung, hipp und immer voll auf Party. St. Kilda liegt praktischerweise direkt am Strand, was den vielen Beachboys, Wassernixen, Wind- und Kitesurfern sehr entgegenkommt.

Wir werden oft gefragt, welche Stadt die schönere ist, Melbourne oder Sydney? Doch wir werden uns hüten einen Vergleich zu ziehen. Beide Städte haben zweifellos Charakter, Melbourne ist vielleicht etwas jünger, kreativer und lockerer. Sydney dagegen – so viel sei vorweg genommen – ist weltstädtischer, selbstbewusster und hat den Vorteil, dass es vier Dinge hat, an die man sich noch lange erinnern wird: die Harbour Bridge, die Opera und die beiden Traumstrände Bondi und Manly.

Zwischen Melb und Sydney liegen aber noch ganz andere Welten, die wir euch auf keinen Fall verheimlichen wollen. Es sind die drei großen Gebirgsketten „Alpine National Park", „Kosciuszko National Park" (dieser Zungenbrecher wird auch Snowy Mountains genannt) und die „Blue Moutains".

AINS

Jedes Mittelgebirge ist für sich schon einmalig und sehenswert. In den „Snowies" liegen beispielsweise die höchsten Berge Australiens. Und unser Campervan stöhnte schwer, als wir auf der fast 2.000 Meter hohen Passstraße durch verlassene Skiorte tuckerten.

Irgendwo dort oben verbrachten wir mitten im Wald die Nacht. Es war sehr still und einsam, doch plötzlich raschelte es draußen im Gehölz. Uns wurde ein bisschen unheimlich, aber als wir raus sahen, kamen scheue Wildpferde an unseren Wagen und grasten auf der Wiese. Es war ein Naturschauspiel sondergleichen, welches mit den Blue Mountains einen zweiten Akt erfuhr.

Dort angekommen, sahen wir noch vor dem aufziehenden Nebel „The Three Sisters", eine dreizackige Felsformation in spektakulärer Höhe und blickten hinab auf riesige, grüne Täler, die rundherum von hohen Steinklippen eingerahmt sind. Kein Wunder, dass die ersten Pioniere um 18 Hundertschlagmichtot viele Jahre vergeblich nach einer Passage durch die Blue Mountains gesucht haben.

Entdeckt hat man auf diesen Expeditionen auch, dass hier mehr als 90 verschiedene Eukalyptus-Arten wachsen, deren ätherischen Öle verdunsten und sich als bläulicher Schimmer über die Berge legen.

Gegen Abend zog dann – wie angekündigt – dichter Nebel über den Kamm und wir legten uns, nachdem wir unser eigenes Weinglas nicht mehr sehen konnten, etwas früher als gewöhnlich schlafen. Nach 48 Nächten und 48 Träumen sollte dies die letzte Nacht in unserem Kleinbus werden. Wir sagen „Danke, lieber Van, für 9.000 sichere und problemlose Kilometer! Danke für zweimal täglich Gas, morgens für den Kaffee und abends fürs Dinner!" Wir werden ihn vermissen, keine Frage, aber wir freuen uns auch auf eine Dusche, in der man mal ohne Adiletten duschen kann.

Fahrt durch die Snowy Mountains, dem höchsten Gebirge Australiens.

Lange Zeit ein unüberwindbares Hindernis. Erst 1813 fand man einen Weg über die Berge.

Ganz schön auf Zack. Die „drei Schwestern“ Meehni (922 m), Wimlah (918 m) und Gunnedoo (906 m).

WUNDERN SIE SICH NICHT, WENN IN EINEM AUSTRALISCHEN ODER NEUSEELÄNDISCHEN RESTAURANT DIE WEINKARTE AUSBLEIBT. VIELEN LOKALEN FEHLT DIE LIZENZ ZUM ALKOHOL-AUSSCHANK. LESEN SIE BEIM EINTRETEN DIE DREI BUCHSTABEN BYO (BRING YOUR OWN), DÜRFEN SIE EIGENE ALKOHOLISCHE GETRÄNKE ZUM ESSEN MITBRINGEN.

Essen auf Rädern. 3-Sterne-Köchin Jutta in ihrem Element.

Was tun, wenn man keinen Stiefel hat? In Flip Flops sah der Nikolaus jedenfalls doof aus.

Wer bald im dichten Nebel steht, sollte sich auch blind verstehen.

Nach Rückgabe unseres Vans in Sydney, stiegen wir in ein Taxi und fuhren direkt zu unserem Hotel nach Potts Point/Kings Cross. Dort kam uns, mit drei Tage Verspätung, der Nikolaus besuchen. Wir warfen ihm diese Unpünktlichkeit natürlich nicht vor, denn er brachte Geschenke aus Deutschland mit: Zigaretten, Bücher und einen Christstollen.

Der Weihnachtsmann heißt Stefan und sein Knecht Ruprecht hört auf den Namen Harald. Beide machen Urlaub in Australien. Wir wussten davon und trafen uns wie vereinbart zu einem Besuch im berühmte Sea Aquarium. Dort sahen wir endlich Haie, Box-Jelly-Fishes und ausgewachsene Rochen. Wenn auch nur durch das Plastikglas einer Unterwasserröhre, durch die wir hindurch liefen.

„BUT THIS IS NOT THE OPERA SEASON“

Später sind wir auch über das Wasser gelaufen. Auf der Harbour Bridge, vom Milsons Point rüber zur Sydney Opera. Dort wurde nun auch mein Wunsch erfüllt. Ich wollte unbedingt in der Oper eine Vorstellung sehen. „But this is not the opera season“ sagte uns die Ticketverkäuferin und bot uns stattdessen Tickets für Tschaikowski an. Wir nahmen dankend an und sitzen bald im klassischen Konzert ganz dicht beim Orchester in der zweiter Reihe.

Ein Wort noch zur Oper: Ihr Dach beziehungsweise ihre Dächer sind nicht weiß gestrichen, wie man von all den Fotos annehmen möchte, nein, sie sind gekachelt.

G-E-K-A-C-H-E-L-T.

Und zwar mit hundsgemeinen Badezimmerkacheln. Manchmal bringen es eben auch einfache Lösungen zu Weltruhm. Da darf man ruhig mal gratulieren. Diese Wandfliesen haben es wortwörtlich bis ganz nach oben geschafft. Und wer von uns, kann dass schon von sich behaupten?

Über eine Million Keramikfliesen, verteilt auf 183 Meter Länge, 118 Meter Breite und 67 Meter Höhe.

SY

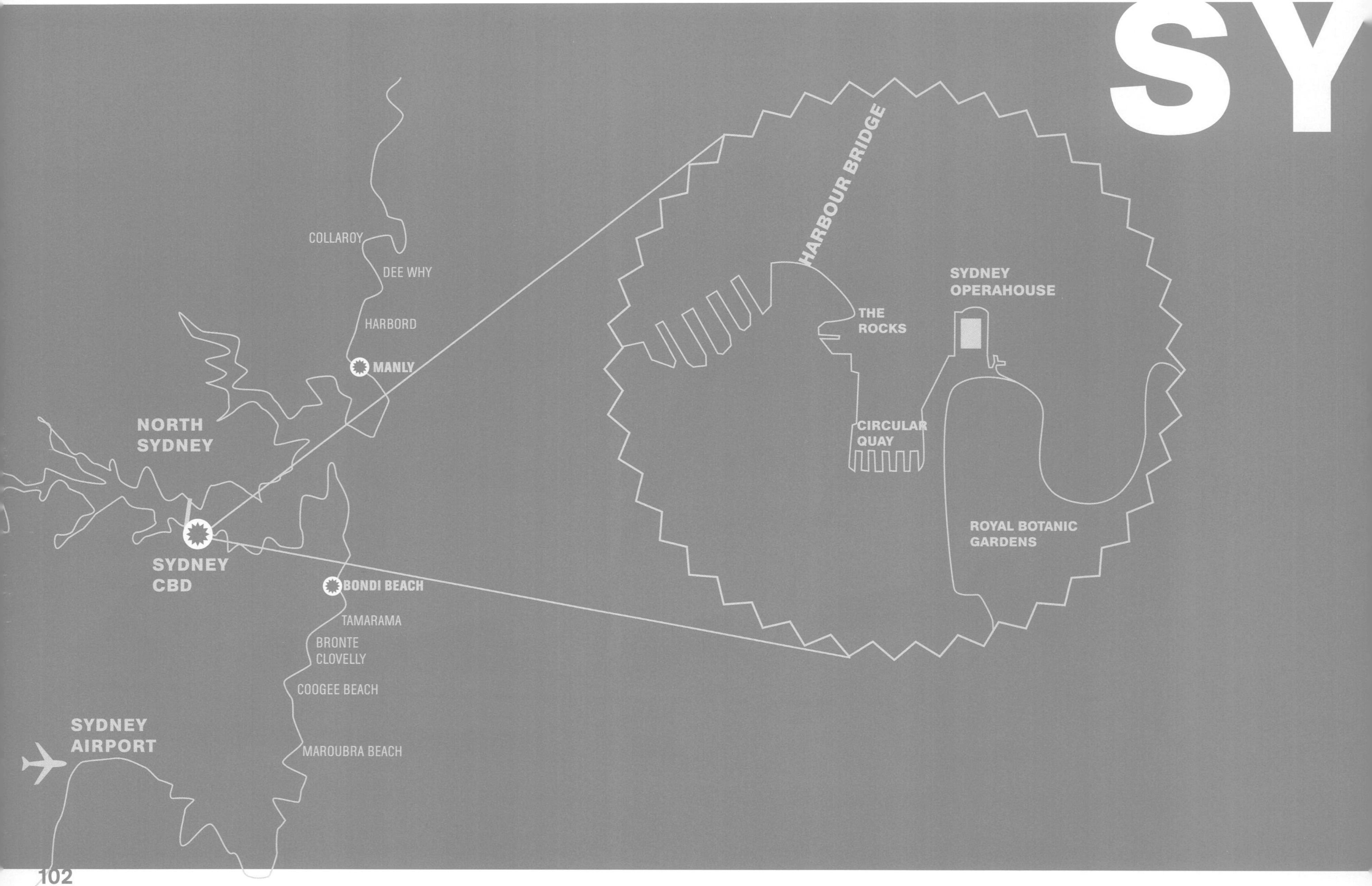
HARBOUR BRIDGE
SYDNEY OPERAHOUSE
THE ROCKS
CIRCULAR QUAY
ROYAL BOTANIC GARDENS
COLLAROY
DEE WHY
HARBORD
MANLY
NORTH SYDNEY
SYDNEY CBD
BONDI BEACH
TAMARAMA
BRONTE
CLOVELLY
COOGEE BEACH
MAROUBRA BEACH
SYDNEY AIRPORT

DNEY

Stefan und Harald setzten sich am nächsten Morgen wieder auf ihren Schlitten und düsten weiter. Noch am selben Tag trafen wir uns mit Molly, der lieben Sydnesin, die wir auf Frazer Island kennenlernten. Bei dieser Gelegenheit begrüßen wir Molly als 100sten Empfänger unseres Newsletters. Sie bestand darauf, in der Liste aufgenommen zu werden, obwohl sie kein Wort Deutsch versteht.

„Hi Molly, thank you very much for two lovely days and nights in Sydney. We enjoyed every minute and we are looking forward to see you in Frankfurt again. And „no worries, we don't have many of this Beckenrandschwimmer and Turnbeutelvergesser in our Freundeskreis, you know?" Molly liebt deutsche Weichei-Sprüche. Deshalb widmen wir ihr unsere neueste Eigenkreation, den „Schnürsenkel-Doppelschlaufen-Binder".

Am dritten Tag waren wir mit Juttas Ex-Chef Bernd und seiner Frau Karin verabredet. Die beiden haben alles richtig gemacht und bleiben von Nikolausi bis Osterhasi im sommerlichen Sydney. Gemeinsam liefen wir an den schönen Stränden Coogee, Bronte, Tamarama und Bondi entlang, tranken nachmittags Kaffee und aßen später bei einem leckeren Inder in der Rose Bay zu Abend. Wir danken euch für einen wunderschönen Tag in dieser wunderbaren Stadt.

Dann kam, wovor wir uns seit Wochen fürchteten: unser letzter Tag in Australien. Aber es sollte kein trauriger werden, sondern vielmehr ein bewegender. Dieser Tag, der in unserer persönlichen Erlebnisskala ganz weit oben liegt, begann schon morgens auf der Fähre, die uns nach Manly brachte.

Dort lagen wir bei bestem Wetter bis abends 18Uhr am Strand oder spielten Beach-Volleyball. Zwei Stunden später, kurz vor 20 Uhr, liefen wir die Stufen zur Oper hinauf. Jutta im schwarzen Abendkleid, ich in Jogging-Schuhen. Der gute alte Pjotr T. aus R. wird hoffentlich ein Auge zugedrückt haben.

So saßen wir – wie schon gesagt – ganz dicht am Orchester und bekamen die volle Wucht der Instrumente zu spüren. Tschaikowskis Klavierkonzert Nr. 1, Teile aus seiner Oper „Romeo und Julia" und Ausschnitte aus der Nussknacker-Operette trieben uns permanent Tränen in die Augen. Und selbst beim Schreiben dieser Zeilen werden meine Augen noch feucht, mit der Erinnerung, dass wir in einem der berühmtesten Konzertsäle der Welt saßen und diesem umwerfenden Orchester mit grandiosem Pianisten lauschen durften. Mehr Gänsehaut geht nicht.

BESTEIGEN SIE DEN 134 METER HOHEN BRÜCKENBOGEN DER HARBOUR BRIDGE. NACH 1 1/2 STUNDEN SICHEREM AUFSTIEG WERDEN SIE MIT EINEM HIMMLISCHEN BLICK AUF SYDNEY BELOHNT. DIE PREISE VARIIEREN JE NACH TAGES-, NACHTS- ODER SONNENUNTERGANGSTOUREN!!! RESERVIERUNGEN SIND EMPFEHLENSWERT. LIEBLINKS: WWW.BRIDGECLIMB.COM.AU

Jacke wie Hose. Die Harbour Bridge wird hier schlicht als „coat hanger“ (Kleiderbügel) bezeichnet.

In feinster Abendgarderobe zu Tschaikowskis Klavierkonzert Nr. 1.

Aufgeführt in einem der fünf großen Opernsäle.

Wer das „Sea Aquarium“ besucht, guckt betröpfelt aus der Röhre.

„Als der weiße Mann nach Australien kam, hatte er die Bibel und wir das Land. Er sagte, lasst uns die Augen schließen und beten. Und als wir unsere Augen wieder öffneten, hatten wir die Bibel und er das Land.“ *Freie Überlieferung der Aborigines.*

Die Aborigines kennen keine Schrift. Zur Verständigung nutzen sie ausschließlich Musik, Sprache und Malerei.

Es war der krönende Abschluss einer wunderbaren, unvergesslichen Reise durch Australien. Und heute – schwupp – sitzen wir schon in Christchurch, New Zealand. Tja, so schnell geht das. Manchmal zu schnell. Wir können unsere Emotionen und Gefühle gar nicht so zügig verarbeiten wie wir sie erleben.

Christchurch selbst können wir bislang gar nicht richtig einordnen. Vieles wird noch von den Eindrücken aus Sydney überlagert. Nur so viel ist auf den ersten Blick erkennbar: Hier ist alles etwas schmucker als in Australien. Die Straßen sind sauberer, die Häuser prachtvoller und die Vorgärten schöner, weil grüner und blumiger.

Und ganz wichtig! Die Sonne geht hier erst um halb zehn unter, was die Menschen bei angenehmen 24 bis 28 Grad länger draußen auf der Straße hält. Doof nur, dass sie schon ab 23 Uhr die Bürgersteige hochklappen und die Pubs schließen, was uns persönlich ganz und gar nicht gefällt.

Gefallen hat uns dagegen euer Feedback. Wir sagen „Danke fürs fleißige Lesen der viel zu langen Newsletter" und nochmal „Danke für die netten Mails, die wir trotzdem erhalten haben."

Als Gegenleistung singen wir jetzt laut und kräftig „Ho...Ho...Ho...let it snow...let it snow...let it snow", in der Hoffnung, dass uns Petrus hier unten auf der Südhalbkugel hört und euch oben auf der Nordhalbkugel weiße Weihnachten beschert.

Jurob

{·1·2·3·}

ETWAS MEHR EINWOHNER ALS BERLIN · SPITZNAME: KIWI · 45 MIO. SCHAFE ·
DAS HISTORISCHE PARLAMENTSGEBÄUDE IN DER HAUPTSTADT WELLINGTON
STEHT WEGEN ERDBEBENGEFAHR AUF 417 PUFFERN ·
17 GIPFEL ÜBER 3.000 METER · ERSTES LAND MIT FRAUENWAHLRECHT (SEIT 1893) ·
2.000 SONNENSTUNDEN/JAHR (IN MITTELEUROPA NUR 1.600) ·
BALKONE LIEGEN AUF DER NORDSEITE, UM DAS SONNENBADEN ZU VERLÄNGERN ·

NEUSEE

LAND

Die Maori nannten es „Aotearoa – Land der großen, weißen Wolke".
Erst die Briten gaben den Inseln den wenig einfallsreichen Namen Neuseeland.

Grünes Weideland, karges Hochland, zerklüftete Fjorde. Die Südinsel.

„JETZT EINE STRICKNADEL“, denken wir uns und betrachten den großen Globus, der vor uns auf der Theke steht. Diese könnten wir dann senkrecht oben in Frankfurt einstechen und kämen mit der Spitze in eeetwwaaaaaa (wir fahren mit dem Finger einmal um den Erdball herum) hier unten in diesem Reisebüro wieder raus.

Wir wollten schon immer mal wissen, was exakt auf der anderen Seite von Frankfurt auf der Weltkugel liegt. Mit Dunedin, so glauben wir, haben wir endlich die Stadt unserer Antipoden gefunden. Und so sitzen wir, den Globus drehend, auf bequemen, rot gepolsterten Stühlen und buchen schlappe 21.000 Kilometer von zu Hause entfernt eine Reise in die Südsee. Wie unangenehm.

Unser Plan war es ursprünglich, ein paar Tage Urlaub auf den Cook-Islands, Aitutaki, zu buchen. Doch wir ahnten nicht, dass hier im Januar die großen Sommerferien beginnen und Aitutaki für Australier und Neuseeländer eine beliebte Ferieninsel ist.

„FRISCH GEBRÜHTER KAFFEE MIT KOKOSMILCH“

Direkte Flüge dorthin gab's sowieso nicht mehr. Und deshalb fragten wir Erin, die Angestellte im Reisebüro, nach den Fidjis. Sie schüttelt nur den Kopf: „Sehr touristisch und die wenigen freien Hotels sind nahezu unbezahlbar.“

„Gibt es verfügbare, preisbewusste Alternativen“, fragten wir Erin schließlich, worauf sie lächelnd den Globus in Schwung brachte. Auf der pazifikblauen Seite der Erdkugel blieb ihr roter Fingernagel auf einem winzigen grünen Punkt liegen. Wir beugten uns vor und lasen den kleingedruckten Namen, der quer daneben stand: Samoa.

Samoa? Nie gehört.

Aber egal. Der Name klingt so schön wie „frisch gebrühter Kaffee mit Kokosmilch und Sahnehäubchen“. Außerdem bleibt Südsee immer Südsee. Und das verspricht Sonne, Strand, Ruhe und Erholung. Also all das, wonach wir uns seit Wochen sehnen.

Das Ende der Welt. Letzter Stein vor der 2.800 km entfernten Antarktis.

WALHEIMAT KAIKURA. „NOODLES“ UND ANDERE POTTWALE FÜHLEN SICH SEIT JAHREN VOR DIESER KÜSTE ZU HAUSE. WER EINIGERMASSEN SEEFEST IST, SOLLTE SICH EIN „WHALE WATCHING“ AUF KEINEN FALL ENTGEHEN LASSEN. KEINE ANGST, DEN MEERESRIESEN PASSIERT DABEI NICHTS. NEUSEELAND IST SCHLIESSLICH SEIT 1978 EINE EINZIGE WALSCHUTZZONE.

75 % aller Blumen, Bäume, Moose und Flechten wachsen nur auf Neuseeland.

An dieser Stelle wird es Zeit, euch ins Boot zu holen. Ihr wisst ja noch gar nicht, dass wir auf Neuseeland unsere Reisegewohnheiten verändert haben. Statt Campervan fahren wir jetzt Hyundai Getz, einen schnuckeligen, hellgrünen Kleinwagen. Und statt auf Campingplätzen schlafen wir nun in Backpackern. Oder Jugendherbergen, wenn ihr so wollt.

Dort gibt es Dorms (Großraumschlafplätze mit bis zu 26 Betten), Viererzimmer und Doppelzimmer. Wir fragen immer nur nach den Doppelzimmern. Für alles andere sind wir einfach zu alt und zu bequem. Außerdem sind wir täglich unterwegs und brauchen nachts einen ungestörten Schlaf.

Doch zu früh gefreut.

Schlagende Türen, schwimmende Betten, nächtliche Diskussionen aus den Nebenzimmern, gluckernde Toilettenspülungen, all diese Störfaktoren muss man schon einkalkulieren, wenn man sich auf einen Backpacker einlässt.

Ich persönlich hatte große Probleme mit den zu weichen Matratzen. Manchmal stand ich vor dem Bett und dachte ernsthaft darüber nach, vor dem Schlafen eine Pille gegen Seekrankheit zu nehmen. Und überhaupt: getrennt zu Bett gehen war nur auf eigenes Risiko möglich. Wobei derjenige, der schon drin lag, das größere Risiko trug, weil ihn die Einstiegswelle des anderen schon mal aus dem Bett werfen konnte.

Backpacker auf Neuseeland gibt es viele. Und zwar in jeder Kategorie. Von Bruchbude bis 4-Sterne-Unterkunft. Das Dumme daran ist nur, dass man – wie bei einer Wundertüte – vorher nicht weiß, was man später kriegt. „Lovely“ und „Cosy“ sind die beliebtesten Werbefloskeln in deren Selbstbeschreibung.

Klar, denn Behaglichkeit und Wärme ist bei allen Rucksackreisenden schwer gefragt. Doch Vorsicht! Cosy kann „Offener-Kamin-in-warmer-Stube“ bedeuten. Aber auch „Schmuddelsofa-auf-denen-Flaneure-stundenlang-abhängen-und-Ballerfilme-glotzen“. Es besteht also beim Einchecken immer ein kleines Restrisiko. Auch mit den Mitbewohnern. Denn die gibt es ebenfalls in allen Kategorien.

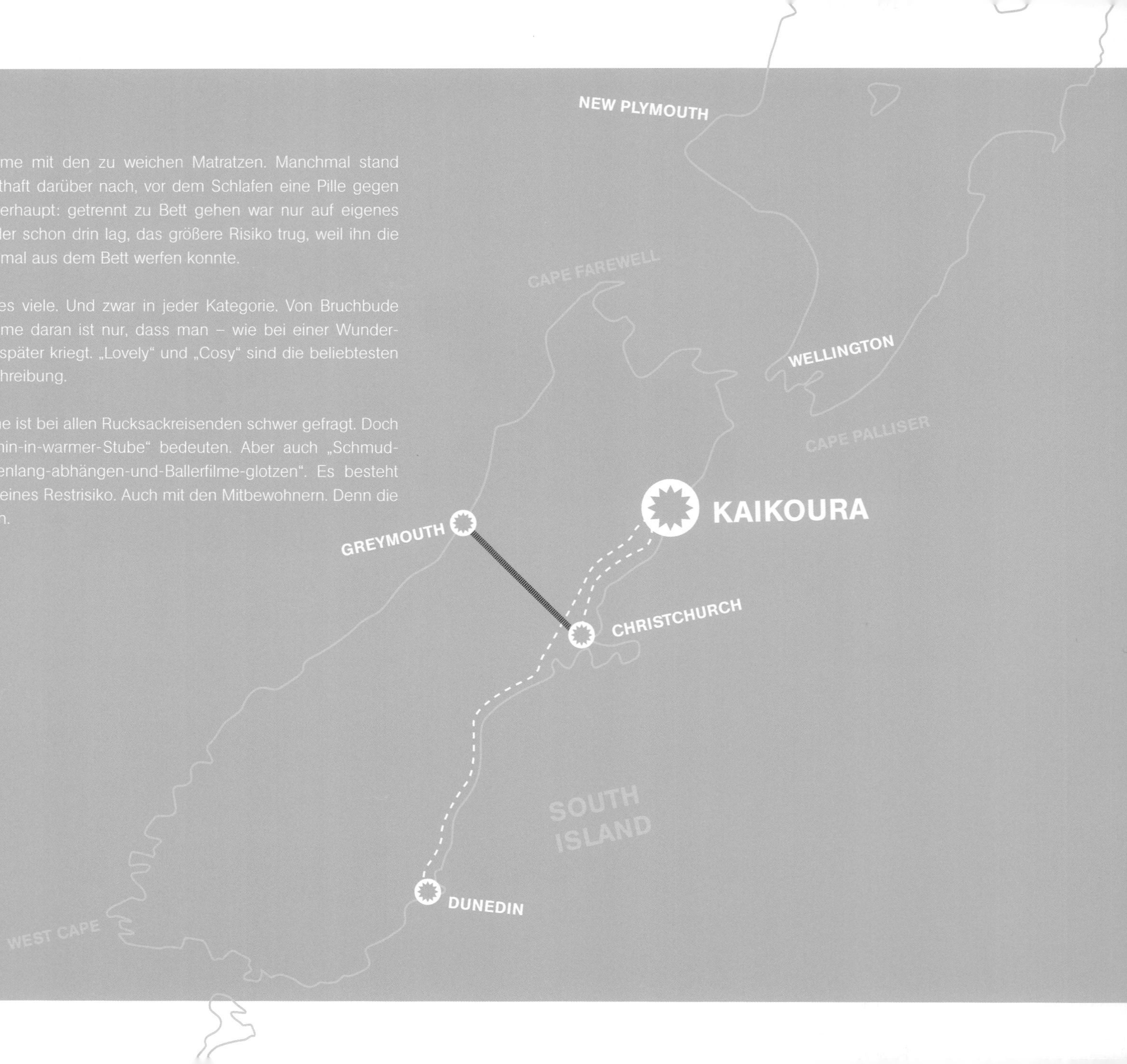

KAIKOURA

Ein Beispiel:
Wie wir es von klein auf gelernt haben, grüßen wir, nachdem wir ein Zimmer betreten. Doch oft verhallt der Gruß ohne Echo irgendwo im Raum oder geht im Geballer von Arnold Schwarzenegger unter. Wenn man Glück hat, wird man beiläufig gemustert. Wenn man Pech hat, wird einfach nur der Fernseher lauter gestellt. Viele junge Backpacker wirken auf uns gelangweilt, desinteressiert und schlecht erzogen.

Wir denken uns aber nix dabei und begutachten derweil die Küche, in der jeder sein sprichwörtlich eigenes Süppchen kocht. Typisches Abendessen der männlichen Backpackers ist – so stellen wir schnell fest – Chips und Dosenbier. Vorzugsweise auf der Couch lümmelnd und DVD glotzend vernascht.

Die Mädels sind eine Messerspitze kreativer. Ihre klassischen Warmspeisen sind Nudeln mit Tomatensoße. Auch gerne mit einem Tüten-Rotwein am Esstisch verdrückt. Nur der jeweiligen Nudelart und der dazugehörigen Glas-Saucen-Variante ist es zu verdanken, dass sie ihr eigenes Essen nicht aus Versehen mit dem der Nachbarin vertauschen. Nein, wir werden in diesem Leben keine überzeugenden Backpacker mehr.

Manchmal haben Hostels aber auch was Gutes. Man lernt dort – ob man will oder nicht – Leute kennen. Junge Idealisten zum Beispiel, die sich mit „Fruit picking" das nächste Busticket erst noch verdienen müssen. Oder Ehepaare, die sich auf ihrer Weltreise schon mehrmals trennten, glücklicherweise aber immer wieder zueinander fanden.

Schicksale, Erlebnisse, Glücksgefühle – alles trifft man in solchen Herbergen. Dort ist das Leben noch herrlich bunt und vielfältig. Wir lernten Menschen aus aller Welt kennen, führten tiefgehende – okay, manchmal auch oberflächliche – Gespräche und teilten bis spät in die Nacht die letzten Weinvorräte. So oder so ähnlich erlebten wir auch nette Cosy-Abende mit Lovely-Gästen. Zum Beispiel in Kaikoura, dem Wal-Fahrtsort aller Neuseeland-Touristen.

Dort fanden wir Unterschlupf in einem kleinen, gemütlichen Backpacker, in dem zeitgleich auch drei Cellistinnen wohnten, die als Straßenmusikanten von Ort zu Ort tingelten. Zur Streichprobe setzten die sich jeden Abend raus in den Vorgarten und spielten für uns Bach, Brahms und andere Klassiker. Unter den dankbaren Zuhörern dieser Privatkonzerte waren unter anderem auch ein ostdeutscher Biker, der mit seinem Fahrrad die Südinsel umrundete und Nicole aus Köln, die uns ihr flammendes Herz vor brennendem Kamin ausschüttete.

Der kleine Fischerort Kaikoura lebt förmlich vom „Whale and Delphin Watching". Kaum ein Fischer, der nicht sein Boot dafür anbietet. Auch wir wollten Wale zu sehen. Leider hatten wir in Kaikoura das erste Mal Pech mit dem Wetter. Und Pottwale sind in grauem Wasser unter grauen Wolken halt nur schwer auszumachen.

Hilft beim Einschlafen: Einfach Schäfchen zählen bis zum Umfallen.

MAN SAGT, DIE ETWAS HOLPRIGE FAHRT MIT DEM „TRANSALPINE-EXPRESS“ SEI EINE DER SCHÖNSTEN BAHNREISEN DER WELT. SIE FÜHRT VON DER OSTKÜSTE (CHRISTCHURCH) ÜBER DEN ARTHUR PASS (920 M) ZUR WESTKÜSTE (GREYMOUTH). LEIDER KONNTEN WIR NICHT ALL ZU VIEL VON DER STRECKE SEHEN, WEIL DER DICHTE NEBEL IN DEN BERGEN KEINE FREIEN BLICKE ZULIESS. ACHTEN SIE DAHER VOR IHRER RESERVIERUNG UNBEDINGT AUF DEN WETTERBERICHT.

Grüne Ebenen und dazwischen immer wieder hohe Berge. Eindrücke während der Fahrt von Kaikoura nach Dunedin (gesprochen: Däniedn).

Also verlegten wir uns auf der Fahrt in den Süden aufs Schafe zählen. Glaubt man einem alten Farmer, so soll es auf Neuseeland 12 mal mehr Schafe geben als Menschen. Bei vier Millionen Neuseeländern haben wir daher gleich wieder mit dem Zählen aufgehört.

Erst viele Stunden später wurden wir in Dunedin erneut von Zahlen beeindruckt: 19,3 Grad und 35 Prozent – Steigungsgrad und Gefälle der „steilsten Straße der Welt“, die uns schon beim gemächlichen Auf- und Ablaufen den Atem raubte und Schweißperlen auf die Stirn trieb. Da staunten wir nicht schlecht über den kahlköpfigen Sportsmann, der während unseres Aufstieges mehrmals die Straße hoch und runter joggte. Ob sich der Steigungsgrad der Boldwin Street generell auf das Verhalten schräger Typen auswirkt, wird derzeit noch von den Wissenschaftlern erforscht.

DIE STEILSTE STRASSE DER WELT

Fest steht aber, dass hier jedes Jahr im Februar ein Wettrennen stattfindet, bei dem lebensüberdrüssige Inline-Skater die Straße auf- und abrollen. Diesem blutigen Kamikaze-Lauf wollten wir auf jeden Fall entfliehen und fuhren – nach der eingangs erwähnten Samoa-Buchung – schnell weiter zu den Catlins.

„The Catlins“ ist eine weitgehend unberührte Region im deutlich kühleren Süden der Südinsel. Wer in diese Gegend kommt, denkt zwangsläufig an Irland, Wales und Highlander. Denn auf den grünen Hügeln, über die jederzeit Christopher Lambert angeritten kommen könnte, grasen Tausende von kleinen Wollpünktchen. Ebenfalls unvergessen bleiben die endlosen Strände, die erhabenen Leuchttürme und die wunderbare „South Scenic Road“, die uns unter anderem in das beschauliche Fischerdörfchen Riverton brachte.

Gucken Sie mich bitte nicht so schräg an, ich kann auch nix dafür, dass es hier steil bergauf geht.

Am südlichsten Punkt Neuseelands liegt die Curio Bay, eine schöne wie einsame Bucht, in der sich neben wenigen Touristen die seltenen, weil menschenscheue „Yellow-Eyed-Pinguine" tummeln. Dort standen wir eines Abends vorne auf der Klippe und atmeten tief ein.

„Diese Luft war garantiert noch nirgendwo drin", sagte ich in Gedanken mehr zu mir selbst und Jutta musste lachen. Ich meine, sie war noch nie zuvor in modrigen Autoreifen, muffigen Luftmatratzen oder übel riechenden Darmwindungen oder so. Das hier ist wirklich noch reine, saubere Luft. Sie kommt direkt den weiten Weg von der Antarktis in unsere Lunge, was man mit jedem Aaaaaaatemzug schmecken kann.

Nur einmal hielt ich den Atem an. Und zwar kurz bevor ich den Auslöser unserer Kamera drückte. In diesem Moment, ich schwöre es, sah ich mich schon als künftiger Pulitzer-Preisträger. Denn das Motiv vor meiner Linse war – Fotografen mögen mir diese bescheidene Einschätzung verzeihen – unschlagbar.

Folgendes war passiert: Jutta sieht am Strand einen Seelöwen liegen und nähert sich ihm vorsichtig. Der aufgeschreckte Seelöwe aber schlägt wild mit seinen Flossen und watschelt Jutta fauchend entgegen, worauf sie natürlich sofort die Flucht ergreift. Und genau in diesem Moment drücke ich auf den Knopf. Ihr könnt euch das Bild vorstellen, oder? Vorne Jutta mit weitaufgerissenen Augen, hinter ihr der Seelöwe mit weit aufgerissenem Maul. Ladies and Gentleman ... the winner is ....

BANG! Traum geplatzt.

Alles, was ich nach diesem Wahnsinnsmoment zu lesen kriege, steht auf dem Display der Kamera: „Bitte wechseln Sie die Batterie". Es gab kein Bild, sackra ... verdammt noch mal! Das kann doch nicht ... Mann oh Mann, war ich sauer. Und Jutta war nach dem Batteriewechsel auch nicht mehr dazu zu bewegen, den Seelöwen nochmal zu reizen. So ein Mist. Na ja, wenigstens hat die Kamera höflich „Bitte" gesagt.

Nachdem wir uns in der Stadt Invercargill mit einem Duracell-Multi-Pack eindeckten, fuhren wir durch die Mitte des Landes wieder zurück nach Norden. Schon bald tauschten grüne Hügel mit schroffen Gebirgskuppen und dazwischen glitzerten immer wieder türkisfarbene Seen.

An einem dieser Seen liegt Manapouri: Ein kleines fotogenes Dorf mit Zuckerguss bedeckte Berge als Kulisse. Uns gefielt es in diesem ruhigen Örtchen so gut, dass wir spontan blieben und eine weitere Reise buchten: eine 2-Tages-Schiffstour durch den Doubtful Sound.

Der Anker lichtet sich allerdings erst nach Weihnachten. Und bis dahin waren es noch ein paar Tage. Also fuhren wir zunächst einmal weiter in das sehr junge und lebendige Queenstown und in das etwas ruhiger gelegenen Wanaka. Beide Orte liegen an großen Seen und wilden, noch unbegradigten Flüssen, deren Farbe uns an das Gletschereis-Bonbon erinnerte, das wir als Kinder gerne lutschten.

CURIO

Heiligabend verbrachten wir sehr „cosy“ vor brennendem Kamin in einer etwas schwierigen Diskussionsrunde, in der es um den Weltfrieden ging. Paradoxerweise bestand die Runde aus kriegserfahrenen Nationen, die da wären: zwei Israelis, zwei Amerikaner und wir zwei Deutsche. Wenigstens gesellte sich später eine friedliche Flasche irischer Whisky zum kleinen Kreis. Gelöst haben wir das Problem leider nicht. Gelöst sind wir aber spät ins Bett.

Über die Feiertage blieben wir in Wanaka, ließen es dort aber deutlich ruhiger angehen, als all die angereisten Extremsportler. Statt mit Free-Climbing, Höhlenklettern, Gleitschirmfliegen, Canyoning oder sonstigen Nahtoderfahrungen hielten wir uns mit längeren Spaziergängen und ausgedehnten Shoppingtouren fit. Ein Mann muss nicht zwingend sein Leben aufs Spiel setzen, um seine Leistungsgrenzen kennenzulernen. Es reicht manchmal auch, mit der Partnerin alle ortsansässigen Schuhgeschäfte zu durchstöbern und dabei prallgefüllte Einkaufstüten zu schleppen.

BAY

Einsame Spitze. Die „South Scenic Road“ von Riverton nach Invercargill.

Ganz in der Nähe kann man bei Ebbe den ältesten Wald (Petrified Forest) der Welt sehen. Die 180 Millionen Jahre alten und längst versteinerten Bäume sind aus einer Zeit, als die Erde noch eine einzige Landmasse (Gondwana) war.

Am Wakatipu-See liegt die ehemalige Goldgräberstadt Queenstown.
In der heutigen Partyhochburg brach 1861 der Goldrausch aus.

54 KILOMETER IN VIER BIS FÜNF TAGEN. DER MARSCH ÜBER DEN MILFORD TRACK IST MÜHSAM, ABER UNVERGESSLICH. ÜBER STEILE BERGE UND GLITSCHIGE HÄNGEBRÜCKEN, DURCH DAUERREGEN UND MOOSBEWACHSENEN URWALD FÜHRT DER WEG VON SCHUTZHÜTTE ZU SCHUTZHÜTTE. START IST IN GLADE HOUSE AM „LAKE TE ANAU". ZIEL IST DER SANDFLY POINT. SCHÖNE WANDERSTRECKEN AUF DER SÜDINSEL SIND AUSSERDEM DER DOUBTFUL-TRACK, DER ROB ROY TRACK BEI WANAKA, DER ABEL TASMAN WALK UND DER CHARLOTTE TRACK IN DEN MARLBOROUGH SOUNDS.

Unberührte Natur, die Europa längst verloren hat.

So schön und kraftvoll ist 1 PS.

Wen juckt das schon? Am Lake Manapouri gab es nervige Sandfliegen, deren Stiche erst nach einer Woche verheilten.

Ohne Aspirin in die Aspiring Mountains. Nach dem feuchtfröhlichen „Heiligabend“ hangelten wir uns über die feuchte Hängebrücke des Rob Roy Tracks (bei Wanaka).

Am 27. Dezember ließen wir alles fallen und gingen mit großer Vorfreude im Doubtful Sound an Bord unseres Schiffes. Den Namen verdankt dieser Fjord – einmal dürft ihr raten – richtig: James Cook, wem auch sonst. Dieser alte Seebär segelte – was eigentlich nicht seine Art war – an diesem Fjord einfach vorbei, weil er „bezweifelte“, dass seine Endeavour darin wenden konnte.

Für unser Boot war dagegen jedes Wendemanöver ein Klacks. Und so tuckerten wir gemütlich durch enge Felsschluchten, in denen unzählige Wasserfälle ins Wasser klatschten, die wir aber nur hörten, weil die schlechte Sicht noch keine freien Blicke zuließ.

Plötzlich aber – wir wurden gerade mit Kajaks zu Wasser gelassen – kam die Sonne durch. Erst zaghaft, dann immer stärker. Schon nach wenigen Minuten vertrieb die Sonne die letzten Nebelschleier und malte einen riesigen, bunten Regenbogen über den Fjord. Es war zum Schreien schön.

Entspannung pur. Auf Neuseeland wurde der Acht-Stunden-Tag und die Fünf-Tage-Woche erfunden.

DOUBTFUL SO

Jutta zog es vor, im motorisierten Beiboot mit zu fahren, während mein Kajak leise unter dem Regenbogen in einen der vielen Seitenarme des Doubtful Sounds glitt. Irgendwann zog ich das Paddel aus dem Wasser und legte es andächtig über meine Knie. Was da vor mir lag, waren Millionen Jahre unberührte Natur.

Dieses Panorama erinnerte mich spontan an ein Puzzelmotiv, das uns als Kinder schier zur Verzweiflung bringen konnte. Das Bild, zweigeteilt. In der oberen Hälfte ein Berg mit schneebedeckter Spitze. In der unteren Hälfte exakt das gleiche, weil sich der Berg auf der ruhigen Wasseroberfläche exakt widerspiegelte. Trennlinie war damals wie heute die Uferkante. Ich weiß noch, wir mussten den Puzzle-Karton einige Male nach allen Seiten drehen, bis wir den echten Berg erkennen konnten. Geholfen hat das aber selten. Am Ende blieben nur die Randteile wie ausgehöhltes Weißbrot auf dem Esszimmertisch liegen.

Apropos Esstisch. Zurück an Bord gab es vorzügliches Abendessen. Während Lammbraten und Hähnchenkeulen serviert wurden, lernten wir das amerikanische Paar kennen, das sich mit uns die Vierer-Kajüte teilen wollte. Beide sind etwa Mitte 20, arbeiten in Japan als Englischlehrer und haben ihre 14 Tage Jahresurlaub so voll gepackt, dass sie morgen gleich nach dieser Bootsfahrt ihren nächsten Aktivitätstermin, dem sogenannten „Slingshot" wahrnehmen wollen. Dabei, so erklärt sie uns, wird man an einem Gummiseil horizontal in eine enge Schlucht hinein und wieder heraus geschleudert.

Wir mussten ziemlich doof aus der Wäsche geguckt haben, denn sie beruhigte uns: „That's harmless, you should try the Powerbowl", wobei man gegen Bezahlung in eine mannshohe, halb mit Wasser gefüllte Kugel gesteckt und einen Berg hinab gerollt wird.

Uns wird schon vom Zuhören schlecht. Wer braucht all diese Kotzhilfen? Früher haben wir uns den Finger in den Hals gesteckt, wenn uns schlecht war. Heute steigt man in wassergefüllte Bälle und lässt sich den Berg hinab rollen. Und das alles nur für einen kurzweiligen Adrenalinkick.

Angenehm ruhig verlief dagegen die Nacht an Bord. Vor Wellengang geschützt lag das Boot wie fest verankert in einem Seitenarm des Sounds. Nur etwas kühl wurde es unter Deck. So kühl, dass Jutta am frühen Morgen durchs Bullauge guckte und rief: „Es hat geschneit!"

Wie, geschneit? Hier ist Sommer!

Aber tatsächlich, die Gipfel sind an diesem Morgen noch etwas weißer als tags zuvor. Wir ziehen uns warm an und fragen den Kapitän nach den Temperaturen. Der zeigt uns fünf Finger, also fünf Grad. Unfassbar.

UND

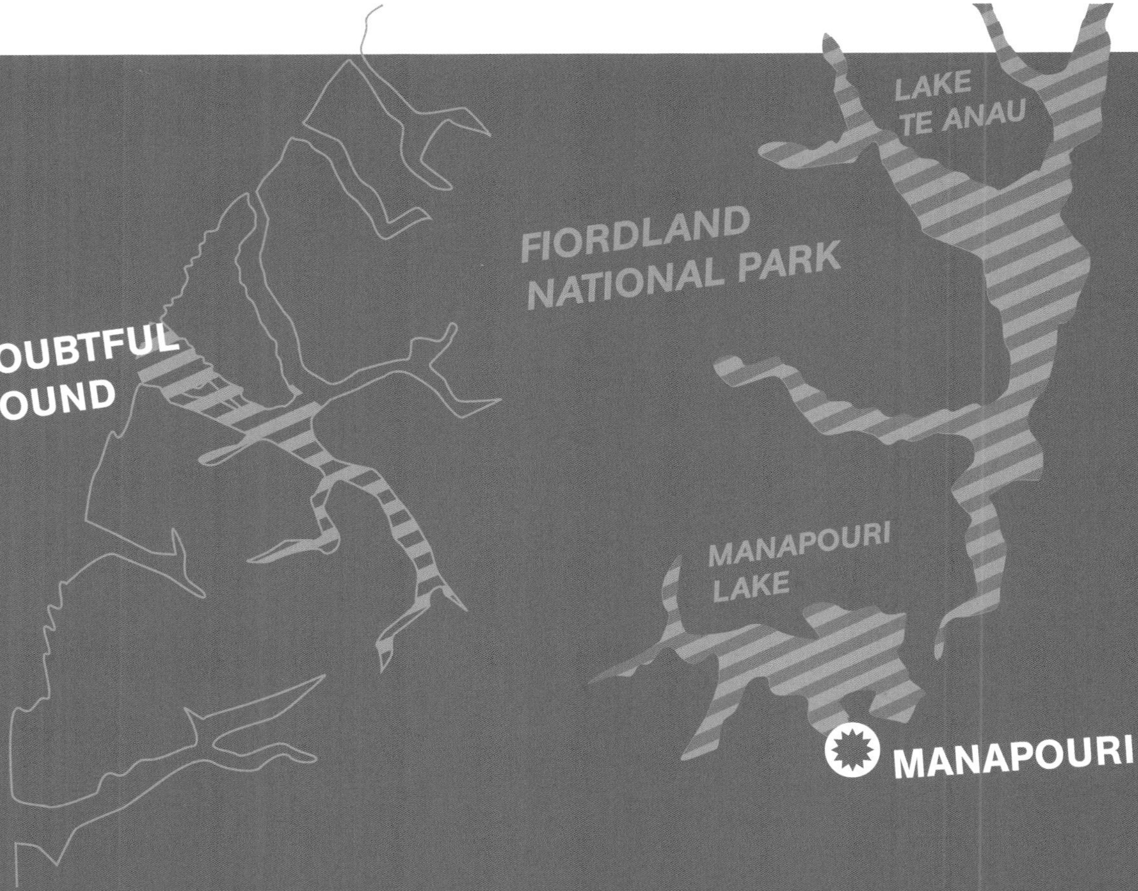

Nach dem Frühstück lichtete das Boot den Anker und fuhr von Delphinen begleitet langsam in den „Sound of silence“. Dort am Ende des Fjords ließ der Kapitän die Motoren stoppen und bat alle Gäste aufs Vorderdeck. Dann legte er seinen Zeigefinger auf den Mund und wir schwiegen.

Vögel zwitscherten, Wasserfälle plätscherten, irgendwo knackte es im Gehölz. Zum Glück raubte uns diese herrliche Idylle die Sprache, sonst hätten wir laut aufgeschrien vor Freude. Ruhe kann so schön still sein. Wir genießen den Moment und wundern uns gar nicht, dass sie hier überall „Herr der Ringe“ gedreht haben. Es ist so, wie man sich Mittelerde vorstellen möchte. Ungewöhnlich. Unvergesslich. Aber auch ein bisschen unheimlich.

Entlang der Küste reichen 14 Fjorde bis zu 40 Kilometer ins Landesinnere.

„Welcome to (nearly) the End of the World“.
Die Neuseeländer selbst nennen ihr Land „Godzone“.

Als „Herr der Autoschlüssel“ trat ich nach der Rückkehr in Manapouri kräftig aufs Gas. Der Grund: Wir wollten noch ins Kino, um einen, wie es hieß, wunderbaren (Natur-)Film über den Doubtful- und den dreimal kleineren Milford-Sound anzusehen. Wunderbar war leicht untertrieben. Es war wie in einem dieser 3D-IMAX-Kinos, in denen man das Gefühl hat, man säße selbst in der Achterbahn, die gerade durch den fünffach Looping wirbelt. Nur viel schöner. Wir hatten das Gefühl, wir sitzen in einem Hubschrauber und fliegen zentimeterknapp über schneebedeckte Bergspitzen, springende Delphine und gigantische Wasserfälle.

Noch total verzaubert von den Erlebnissen der letzten Tage, fuhren wir am nächsten Morgen an die raue, dauerfeuchte Westküste. Der Weg dorthin führte uns über eine alpine Gebirgskette (Haast Pass), deren höchster Berg Neuseelands, der Mount Cook (3.754 m), alle anderen Gipfel überragt. Leider passierten wir auch kahlgeschlagene Berge, die durch Waldrodungen zu Sandhügeln verkommen sind. Holz ist – so erfahren wir später – eines der wichtigsten Exportgüter des Landes.

„EUCH SCHEINT DIE SONNE AUS DEM ARSCH“

An der eigentlich immer verregneten Westküste schien bei unserer Ankunft ausnahmsweise die Sonne. Was mich zum Grinsen brachte, weil ich dabei an die Worte einer guten Freundin dachte, die uns neulich in einer Mail schrieb: „Ihr habt so ein Glück mit dem Wetter, euch scheint doch die Sonne aus dem Arsch.“

Da man aber in den „Southern Alps“ nie wissen kann, wie lange das Hoch noch oben bleibt, statteten wir noch am selben Abend dem Franz-Josef-Gletscher einen Besuch ab. Er und der nahegelegene Fox-Gletscher sind seltene Überreste der Eiszeit. Nirgendwo sonst auf der Welt fallen Gletscher von schneebedeckten Gipfeln bis hinab auf Höhe des Meeresspiegels, in diesem Falle auf 13 Kilometer Länge hinunter in einen Regenwald.

So standen wir winzig klein und ehrfurchtsvoll vor dem „weißen Riesen“, dessen Eis in der Abendsonne schwitzte. Aber wirklich freuen konnte ich mich über den Anblick nicht, denn bei mir traten erste Anzeichen einer Grippe auf. Heute, am 30. Dezember, was für ein Drama.

Auf der anderen Seite der Welt. Neuseeland liegt am weitesten von Mitteleuropa weg. Und das ich auch gut so.

DER NEUSEELÄNDISCHE GLETSCHER „FRANZ JOSEF" WURDE 1865 DESHALB SO GETAUFT, WEIL DAS RIESIGE EISFELD AN DEN WEISSEN BART DES ÖSTERREICHISCHEN KAISERS ERINNERTE. DA STELLT SICH DIE FRAGE, WIE DER GLETSCHER HEUTE WOHL HEISSEN WÜRDE, WENN ES IN ÖSTERREICH DAMALS SCHON RASIERAPPARATE GEGEBEN HÄTTE.

Der berühmte „Franz-Josef-Gletscher" wandert täglich etwa einen halben Meter.

In den Südalpen (17 Gipfel über 3.000 Meter) schießt
der Mount Cook 3.754 Meter in die Höhe.

Regenwälder und Riesenfarne. Die Westküste ist ein 800 Kilometer langes Feuchtgebiet.

Erst Silbergras, dann der Pazifik und dahinter irgendwann Südafrika.

Doch das größere Theaterstück, eine Tragödie, kam noch und hieß Nelson. Von einem Weltreisenden als wahrer „Sylvesterkracher“ empfohlen, wollten wir dort das neue Jahr beginnen. Wir also nix wie hin, ich schon leicht im Fieber, kommen wir dort in unserem vorreservierten Backpacker an. Hm, was soll ich sagen, perfekte Lage.

Das Zimmer lag direkt an einer Hauptstraße, nebenan die Shell-Tankstelle und gegenüber ein McDonalds mit 24-Stunden-Service. Diese Anlaufstellen für Nachtschwärmer und Suffköpfe war genau das, was man braucht, wenn man nebenan krank im Bett liegt und nur eines will: schlafen.

Aber an Schlaf war in dieser Nacht sowieso nicht zu denken. Also rafften wir uns auf und zogen los Richtung Innenstadt, die wir aber nirgends fanden, weil es keine gab. Wir irrten durch menschenleere Straßen, bis wir zufällig auf eine partylustige Gruppe trafen, der wir unauffällig in eine Bar folgten, in der es wenigstens den Anschein nach einer Neujahrsfeier hatte. Wir waren erleichtert, bestellten zwei Bier und setzten uns damit draußen in den Vorgarten.

Um viertel vor Zwölf (in Nelson waren immer noch keine Böller zu hören) raschelte es in den Büschen, aus denen plötzlich zwei Dutzend Polizisten heraus sprangen. Mit ihrer Funzel leuchteten sie jedem Flaschenhalter in die Augen und forderten ihn pflichtbesessen auf, den Alkohol ins Gras zu gießen.

Ihr müsst euch vorstellen, es war Silvesterabend, viertel vor Zwölf, statt Böller blitzten Taschenlampen und niemand hatte mehr was zu trinken in der Hand. Wir verstanden die Welt nicht mehr. Aber wenigstens blieb uns die Hoffnung auf ein sensationelles Großfeuerwerk. Um punkt 24 Uhr ging’s los und wir freuten uns wie die Schneekönige.

30 Sekunden lang. Dann war die ganze Herrlichkeit schon wieder vorbei.

Kein Scherz. Ich schwör’s. Der Sekundenzeiger meiner Uhr hatte gerade mal die halbe Runde gedreht, da erlosch schon die letzte Rakete am Nachthimmel. Wir waren fassungslos. Was ist das für ein Land, in dem man Sylvester nicht feiern darf?

Neuseeland ist mit einer wunderschönen Natur gesegnet, keine Frage. Aber die Menschen hier leben mit einem Sack voller Vorschriften und Restriktionen. Das begrenzt viele Freiheiten und wirkt sich irgendwie auf das Verhalten der Einwohner aus, die uns – im Vergleich zu den Australiern – sehr konservativ und spießig vorkommen. Nicht alle, natürlich niemals alle, aber viele. Wir bekamen oft den strengen, oberlehrerhaften Zeigefinger zu sehen: Don’t do this! And don’t do that!

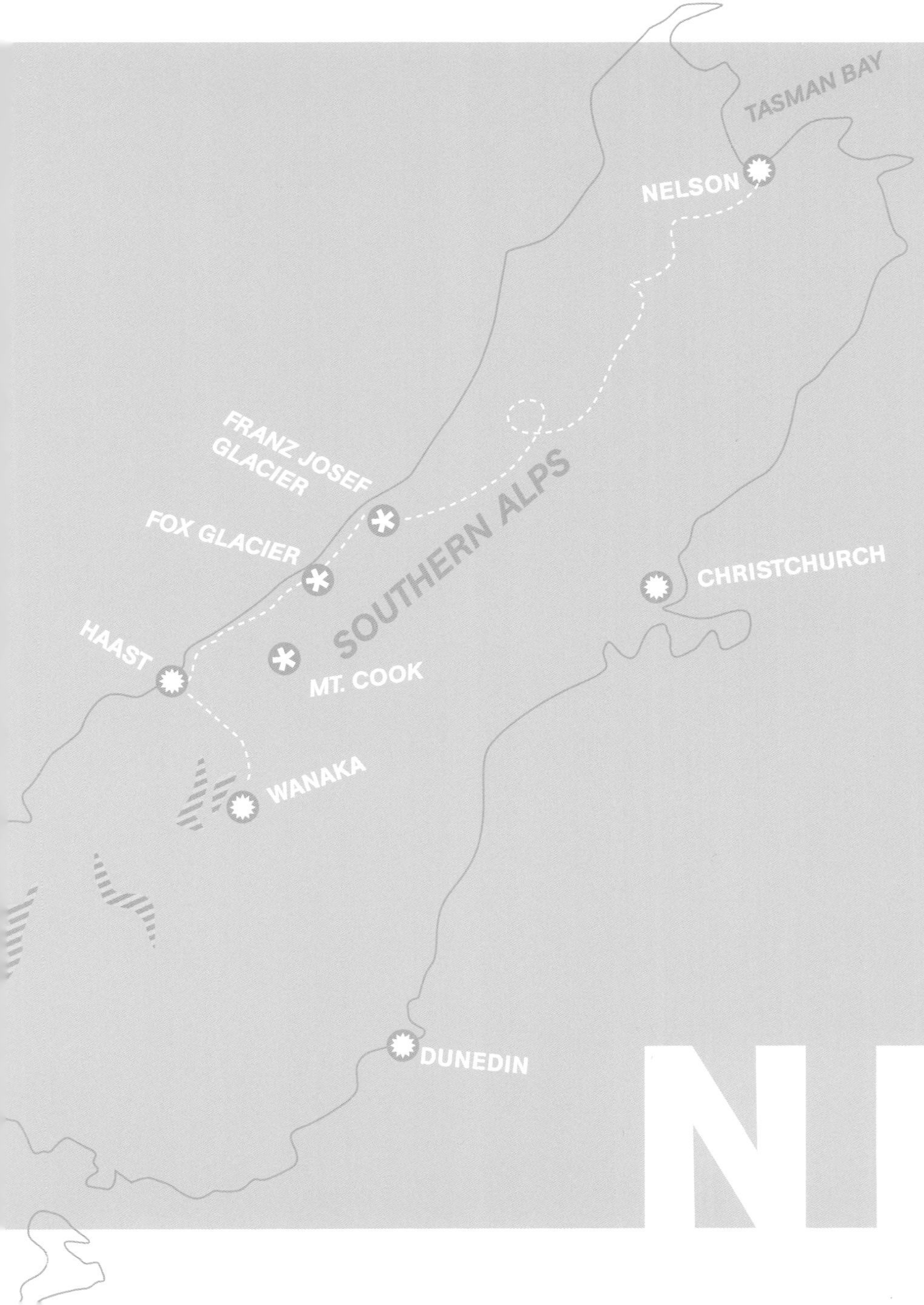

Wenigsten – und dass muss man ihnen lassen – haben sie den Maori schon sehr früh Land, Rechte und Freiheiten zugestanden. Die Maori sind hier ins alltägliche Leben weitestgehend integriert. Ganz im Gegensatz zum australischen Nachbarn, wo man Aborigines in der Öffentlichkeit nur noch selten antrifft.

Laut (Geschichts)-Büchern erklärt sich dieser Unterschied dadurch, dass sich das kämpferisches Volk der Maori von Anfang an gegen die weißen Einwanderer heftig zur Wehr setzte, während die friedlichen Aborigines die Engländer allzu freundlich Willkommen hießen.

Nach dieser unsäglichen Silvesternacht (Jutta meinte nur: „So trocken bin ich noch nie ins neue Jahr gerutscht"), war es kein Wunder, dass bei mir die Grippe richtig ausbrach. Das Fieber stieg und fesselte mich einige Tage ans Bett. Selbst den Appetit hatte ich verloren, was aber auch am 24-Stunden-Mief des Fastfood-Nachbarn gelegen haben könnte.

NELSON

ÜBER 370 – VON GÄSTEN BENOTETE – HERBERGEN FINDEN SIE IM „BBH HOSTELFÜHRER". WER MITGLIED WERDEN WILL, ZAHLT FÜR DIE CLUB-KARTE UMGERECHNET ETWA 40 €, BEKOMMT DAFÜR ABER RABATTE BEI JEDER ÜBERNACHTUNG, SODASS SICH DIE MITGLIEDSCHAFT SCHON NACH WENIGEN TAGEN AUSZAHLT. ACHTUNG! DIE „CLUB CARD" IST AUCH GLEICHZEITIG EINE TELEFONKARTE IM WERT VON 20 NZ$.

Super Aussichten. Bei diesem Blick kann man sich nur volltanken.

Wenn jemand zu dir sagt „Fahr zur Hölle!“, dann meint er vermutlich Nelson.

Viel Moos, nix los. An der dauerfeuchten Westküste gibt es nur wenige Dörfer und Städte.

MIT DER FÄHRE VON EINER INSEL ZUR ANDEREN. VOR FEIERTAGEN ODER IN FERIENZEITEN KANN ES AUF DER 23 KM BREITEN COOK-STRASSE SCHON MAL ZU ENGPÄSSEN KOMMEN. OB MIT ODER OHNE AUTO, RESERVIEREN SIE DIE ÜBERFAHRT VON PICTON NACH WELLINGTON ODER UMGEKEHRT LIEBER EINIGE TAGE IM VORAUS. BUCHUNGEN UNTER WWW.INTERISLANDER.CO.NZ

Erst ab dem 4. Januar ging es mit mir wieder halbwegs bergauf und wir unternahmen ein paar Ausflüge in die Marlborough Sounds und in den Abel Tasman Nationalpark. Den Namen verdankt dieser herrliche Küstenabschnitt zur Abwechslung mal dem holländischen Seefahrer Abel Tasman, der 127 Jahre vor Captain Cook hier entlang segelte. Er fand bei all seiner Freude über die Entdeckung aber nicht den Mut, an Land zu gehen und die orangefarbene Flagge in die Erde zu rammen.

„DIE ORANGENFARBENE FLAGGE!“

Witzig! Wäre er bei seinen Landungsversuchen nicht jedesmal auf kriegerische Ureinwohner gestoßen, wären die beiden Inseln heute vermutlich holländisch. Die Maorie haben also schon damals verhindert, dass die neuseeländischen Autofahrer hinter unzähligen Wohnwagen im Stau stehen müssen.

Über die Geschichte Neuseelands entschied eh der pure Zufall, wie auch folgendes Kuriosum belegt: Nachdem sich höchstens alle 100 Jahre mal ein Entdecker in diese Gegend verirrte, segelten hier zufällig im Dezember 1769 der Engländer James Cook mit seiner Endeavour und der Franzose Jean Francois de Surville auf seiner Saint Baptiste aneinander vorbei.

Beide sahen sich aufgrund dichten Nebels nicht und so kam es, dass de Surville unwissentlich in der gleichen Poverty Bay (vor dem heutigen Gisborne) ankerte, in der Cook acht Tage zuvor Neuseeland zur britischen Kolonie deklarierte. Wäre der Franzose zuvor nicht wegen Skorbut aufgehalten worden, sprächen Neuseeländer heute französisch, könnten besser kochen, Boule spielen und Atombomben zünden.

KRATERS

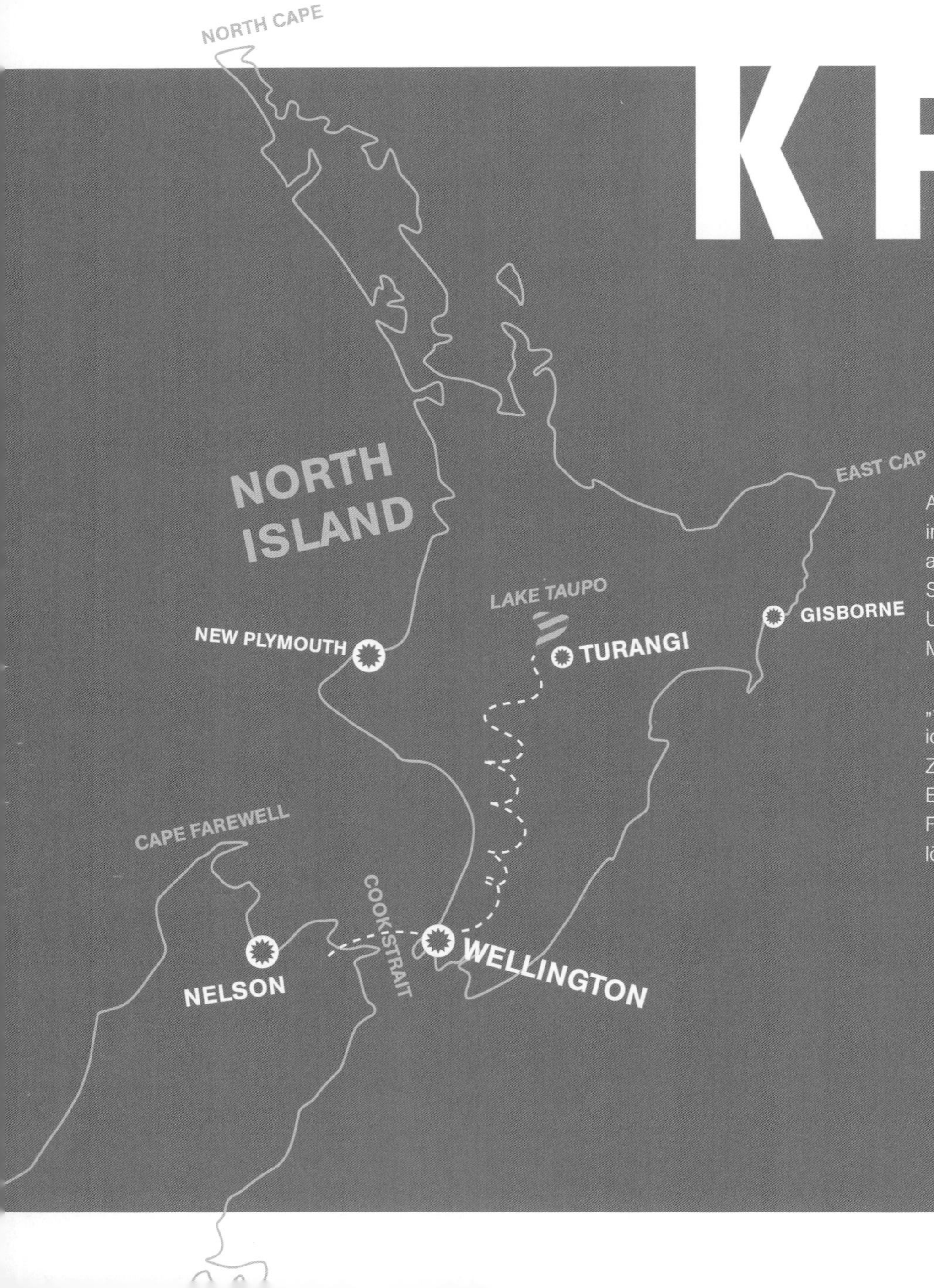

Am 6. Januar bekam ich wieder Lust auf Wellengang und wir nahmen die Fähre zur Nordinsel. Genauer: nach Wellington. Leider kamen wir an einem verregneten Sonntag dort an, was es uns sehr schwer machte, Wellington irgendetwas Schönes abzugewinnen. Die Städte auf Neuseeland sind nach unserem Geschmack sowieso nicht das Nonplusultra. Und Wellington macht da keine Ausnahme. Immerhin steht dort das „Te Papa“, das größte Museum Neuseelands, in dem wir stundenlang sehr interessiert umher wanderten.

„Schnell ab durch die Mitte nach Norden“, befahl Jutta nach dem Museumsbesuch und ich trat aufs Gaspedal. Wenn man die Südinsel als „irische Schweiz mit Schwarzwälder Zügen“ beschreiben könnte, dann wäre die Nordinsel „Klein-Schweden mit vulkanischem Einschlag.“ Überall auf der Nordinsel begegnet man bunten Blumenwiesen, glasklaren Forellen-Flüsschen, aber auch dampfenden Quellen, Geysiren und blubbernden Schlammlöchern.

EE TAUPO

Etwa in der Mitte der Nordinsel ruht der größte See Neuseelands, der Kratersee Taupo. An dessen Südufer liegt das beschauliche Dorf Turangi, das wir zum Basiscamp für unsere kommende Vulkanbesteigung machten. Am 10. Januar war es dann soweit. Bei Kaiserwetter begann morgens um sieben Uhr der Aufstieg. Trotz Warnungen aus dem Touristenbüro.

„Die Gefahr eines Ausbruchs wurde erst letzte Woche von Extrem Risky auf High Risk herabgestuft. Sind Sie sicher, dass Sie hoch wollen?", fragte uns die nette Dame des Tourist Information Centers höflich aber besorgt. Of course, natürlich wollten wir hoch. Eine Vulkanbesteigung fehlte noch in unserer „Was-wir-im-Leben-schon-immer-mal-tun-wollten"-Sammlung.

Schon auf halber Höhe hatten wir eine phänomenale Rundumsicht. Vor allem der Panoramablick auf die beiden Nachbar-Vulkane Ngauruhoe (2.291m) und Ruapehu (2.797m) raubte uns die Worte. Kann aber auch sein, dass uns nach zweidrittel des Aufstieges einfach die Puste für Jubelrufe fehlte.

Nach Luft japsend mussten wir eine Rast einlegen und einige geübte Bergwanderer passieren lassen. Einer, der uns wohl auf Deutsch keuschen hörte, versuchte uns mit einem billigen Trick zu motivieren: „Auf geht's! Oben gibt's Eis". Sehr witzig, diese Verarsche kannten wir noch aus unserer Kindheit. Natürlich gab es nie Eis. Und auch niemals kalte Cola. Von Schleckmuscheln, Kirschlollies oder Hubba Bubba Kaugummis ganz zu schweigen. Alles heiße Luft, damals wie heute.

Und mit dieser erreichten wir erschöpft und verschwitzt, aber stolz wie Bolle endlich den Kraterrand. Überall stank es nach „faulen Eiern" (Schwefel), was uns aber den „atemberaubenden" Blick hinab in den dampfenden Schlund nicht trüben konnte.

Dann bekamen auch wir mächtig Dampf. Kohldampf. Also ließen wir uns auf der „Herdplatte" nieder und aßen das mitgebrachte Lunchpaket. Erst danach begann der vierstündige Abstieg. Entlang hellgrüner Kraterseen und graugelber Schwefelfelder ging es stetig bergab, was nicht ohne Folgen für unsere untrainierten Waden blieb. Wenn träges Fleisch unerwartet heftig in Bewegung gebracht wird, bleiben Krämpfe, Blasen und Muskelkater leider nicht aus.

Die in jüngster Zeit noch aktiven Vulkane Tongariro, Ruapehu und Ngauruhoe im Tongariro Nationalpark.

AUF DEM 17 KM LANGEN „TONGARIRO ALPINE CROSSING“ WANDERN SIE MITTEN DURCH ZWEI BILDERBUCH-VULKANE. EIN SHUTTLE-SERVICE BRINGT SIE MORGENS ZUM AUSGANGSPUNKT UND HOLT SIE ACHT STUNDEN SPÄTER WIEDER AB. LEICHTES GEPÄCK, PAUSENSNACKS UND AUSREICHEND TRINKWASSER SIND EMPFEHLENSWERT. WWW.TONGARIROCROSSING.DE

Wenn wir in Deutschland noch welche hätte, gäbe es garantiert auch ein Rauchverbot für Vulkane.

Blick vom „Red Crater“ auf die „Emerald Lakes“.

Lebensverlängerter Hinweis für Touristen.

Unser Basislager „Creel-Lodge“.

Spiralförmige Maori-Verzierungen auf echtem Farn.

Am 12. Januar, an Juttas Geburtstag, konnten wir wieder halbwegs laufen. Und das erste, was ich an diesem Morgen einkaufen ging, waren eine Flasche Champagner und die Zeitung. Schon das Titelblatt schrie mir in großen, roten Buchstaben entgegen, dass Sir Edmund Hillary, das Bergsteiger-Urgestein am Tag unserer ersten Vulkanbesteigung gestorben war.

Komischer Zufall, oder? Dabei wussten wir gar nicht, dass der Mount Everest Pionier bis gestern noch lebte. Wir dachten, er wäre längst mit Louis Trenker und den Schwarz-Weiß-Filmen ausgestorben. Falsch gedacht, Neuseeland verlor an diesem Tag seinen wohl berühmtesten Helden, was unserer kleinen Geburtstagsfeier aber nichts anhaben konnte. **PENG!** Der Champagnerkorken flog wie ein Salutschuss übers Bett und wir tranken feierlich auf Juttilies Geburtstag, auf Edmunds Heldentaten und auf die Kokosstrände von Samoa.

Die Vorfreude darauf steigt von Tag zu Tag. In 48 Stunden ist es soweit, aber bis dahin wollen wir von dieser Nordinsel noch ein bisschen was gesehen und gerochen haben. „Welcome in the stinky village“ wurden wir bei der Einfahrt von Rotorua nett begrüßt. Oder gewarnt, je nachdem wie geruchsempfindlich man ist.

WÄRMSTENS ZU EMPFEHLEN! BRINGEN SIE IHR SCHIPPCHEN MIT ZUR MERCURY BAY (IM NORDEN DER NORDINSEL) UND SCHAUFELN SICH DORT AM HOT WATER BEACH IHR EIGENES BAD. DICHT UNTER DEM SAND FLIESST WARMES THERMALWASSER UND GARANTIERT - VOR ALLEM BEI VOLLMOND EIN SPA ERLEBNIS DER GANZ BESONDEREN ART.

Weltberühmt bei Fliegenfischer: Im Tongariro River wimmelt es vor Trouts (Forellen), die zwar geangelt und gegessen, aber nicht verkauft werden dürfen.

In allen Straßen stank es gewaltig und wenn wir es nicht besser gewusst hätten, man hätte auch meinen können, man führe geradewegs durch Duisburg, Wuppertal oder Frankfurt-Hoechst. Mit dem kleinen aber nasalen Unterschied, dass hier ausschließlich die Erde dampfte und nicht irgendwelche hässlichen Fabrikschlote.

Die Erdkruste unter Rotorua scheint besonders dünn zu sein, denn überall im Umland sprudeln heiße Quellen, Geysire und Schlammlöcher. Für Vulkanologen ist dieser Ort bestimmt ein kleines Paradies, was wir Nase zuhaltend gar nicht nachvollziehen können. Dann schon lieber Bademeister im schönen Badeort Raglan (an der Westküste gelegen), denken wir uns und sind vor Ort überrascht, wie frisch eine Meeresbrise riechen kann.

Nach nur wenigen Stunden Strandurlaub rasten mir am nächsten Tag wie Zeitreisende durch die neuseeländische Geschichte. Morgens besuchten wir die historisch bedeutungsvolle Stadt Ngaruawahia, in der die Maorie-Könige lange Zeit residierten und nachmittags fuhren wir durch die Queen Street des im Jahre 1840 von den Maorie mit Töpfen, Kleidern und Beilen abgekaufte Auckland, in der heute ausschließlich Glaspaläste, Shoppingmeilen und Kaffeehäuser thronen.

Auckland ist mit seinen 1,3 Millionen Einwohnern nicht nur die größte, sondern auch die schönste Stadt Neuseelands. Das behauptet zumindest eine weltweit angelegte Studie, die diese „City of Sails" („Stadt der Segel") mit der fünfthöchsten Lebensqualität auszeichnet. Wir unterschreiben diese Studie. Aber nur, wenn Sydney im Ranking vor Auckland liegt.

Noch am selben Abend gaben wir unseren grünen Flitzer zurück, bestellten Pizza aufs Hotelzimmer und guckten bis zum Einschlafen Deutsche Welle. Wir sind sicher, dass wir morgen – vier Flugstunden von hier entfernt – auf dem „Treasure Island" Samoa schönere Wellen sehen werden.

AUCKLA

Diesen Beinamen erhielt die Insel von Robert Louis Stephenson, der von 1890 bis zu seinem Tod 1894 hier lebte. Die Samoaner verehren den damals lungenkranken Schriftsteller bis heute. Verständlich, wenn man weiß, dass dieser mehr Bücher und Erzählungen geschrieben hatte, als er in Jahren alt wurde. Darunter unter anderem auch die Klassiker „Der seltsame Fall des Dr. Jekyll und Mr. Hyde" sowie „Die Schatzinsel" (auf englisch „The Treasure Island").

Samoa ist wirklich ein – bis heute vom Massentourismus unentdeckter – Schatz. Wir haben uns trotz schwül warmer, subtropischer Temperaturen gut eingelebt und fühlen uns in unserer Lodge an der Südküste der Hauptinsel bestens aufgehoben. Die Strände sind einmalig, Kokospalmen wachsen in schön geschwungener Sinuskurve auf das Meer hinaus und das Essen bekommt von uns glatte vier Sterne.

Hier können wir in den nächsten 12 Tagen unsere Batterien wieder aufladen und die Kräfte sammeln, die wir für Südamerika brauchen werden. In unserer Fale – eine offene, auf Stelzen gebaute Hütte – war dazu auch ein passendes Schild angebracht.

RULE NO. 1: „DON'T DO TOO MUCH! ENJOY THE SMALL THINGS IN LIFE!"

RULE NO. 2: „IF YOU REALLY NEED TO DO SOMETHING, DO IT QUICK AND RETURN TO RULE NO. 1!"

Das müssen wir kein zweites Mal lesen. Wir halten uns doch gerne an diese Regel und schließen diesen Newsletter, der mich in den letzten Tagen viele Nerven gekostet hat. Er entstand an sieben verschiedenen Computern in sieben verschiedenen Internetshops unter sieben schwierigen Bedingungen.

Sich auf das Schreiben, geschweige denn auf den Inhalt, zu konzentrieren, war unter dem Lärmpegel von Staubsaugern, Ballerspielen oder Heavy Metall Musik oft nicht möglich. Es kann also gut sein, dass es im Textaufbau hier und da mal holpert und stolpert. Wir bitten das zu entschuldigen und grüßen euch mit einem herzlichen „Tofa" aus Samoa.

Jurob

P.S. WARNUNG an unsere kleinen Newsletter-Leser!

Liebe Kinder! Papa liebt seinen hoffentlich noch ungelochten Globus. Legt bitte Stricknadel, Schaschlikstäbchen und Luftballondrähte aus der Hand und löst das Problem lieber mathematisch.

ND

{·1·2·3·}

SAM

8 INSELCHEN · SEIT 1962 UNABHÄNGIG · 190.000 EINWOHNER ·
HAUPTSTADT APIA · 380 DÖRFER · ÜBER 1000 KIRCHEN · ETWA 15000 HÄUPLINGE ·
27° DURCHSCHNITTSTEMPERATUR · GRÜNE ORANGEN · GRÄBER IM VORGARTEN ·
1918 STARB 1/3 DER BEVÖLKERUNG AN SPANISCHER GRIPPE · SCHREIEN IST UNHÖFLICH ·
HÖCHSTE FUSSBALL-NIEDERLAGE ALLER ZEITEN (0 – 31 GEGEN AUSTRALIEN) ·

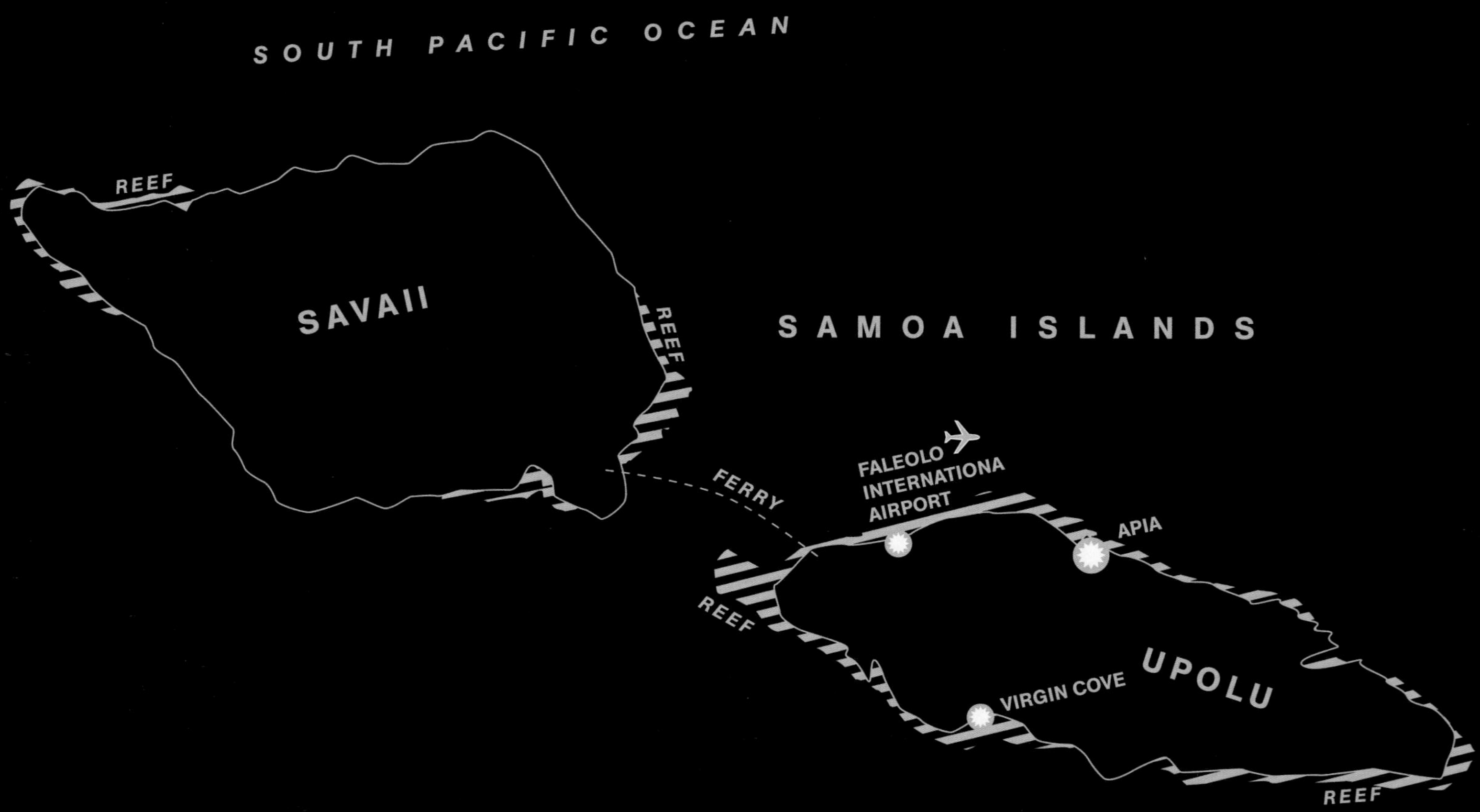

OA

Last Minute Urlaub. Auf Samoa erlebt man den Sonnenuntergang zu allerletzt.
Die Datumsgrenze liegt nur 35 Kilometer entfernt.

COCONUTS ARE
SOMETIMES FALLING!
PLEASE NEVER LIE
OR SIT UNDER
A COCONUT TREE

WER HÄTTE DAS GEDACHT, WIR HABEN SAMOA ÜBERLEBT!
Das ist nicht selbstverständlich, wenn man bedenkt, dass auf dieser wunderschönen Insel noch bis ins Jahr 1830 gefährliche Menschenfresser lebten. Und ehrlich gesagt, wir waren wir uns nicht ganz sicher, ob da noch einer, naja, ihr wisst schon, ein Ur-Ur-Ur-Enkel irgendwo im Dschungel seine Traditionen pflegt. Obwohl, wäre er aus dem Busch gesprungen, hätten wir ihm gerne was von unseren Fettpölsterchen abgegeben.

Auf den Geschmack kam später auch die Kirche. Mit knusprig gebratenem Wadenbein oder gekochtem Ellenbogen am Spieß waren die Prediger aber damals wenig zu begeistern. Sie hielten sich eher für Feinschmecker und hatten es vor allem auf zarte Seelen abgesehen. Eine Art Trenndiät der ersten Stunde. Die Guten in die Kirche. Die Schlechten ans Kreuz. Satt wurden sie dabei nie. Satt sind sie bis heute nicht geworden.

„NICHT ZU VERWECHSELN MIT DER AOK“

Misst man ihre Leistung an der Anzahl der gebauten Kirchen, haben die Missionare auf Samoa hervorragende Arbeit geleistet. Ihrem Übereifer ist es zu verdanken, dass in jedem noch so kleinen Dorf mindestens drei, manchmal sogar bis zu sieben Kirchen bimmeln. Eine für jede christliche Glaubensgemeinschaft. Und davon gibt es jede Menge, was wir gar nicht wussten. Oder habt ihr schon mal vom Glauben AOG (nicht zu verwechseln mit der AOK), Siebenten-Tags-Adventisten oder Baha'i gehört?

Nachdem die Missionare selbst den bissigsten Kannibalen von Fastenzeit und Nächstenliebe überzeugen konnten, bekamen plötzlich auch die Amerikaner, die Briten und – man höre und staune – sogar die Deutschen Appetit auf diese grünen Inseln. Bevor sie sich jedoch darum stritten, einigten sie sich brüderlich: Die Amerikaner nahmen sich US-Samoa, die Briten besetzten die salomonischen Inseln und die Deutschen sackten West-Samoa ein.

Klassiker im Jugendzimmer: Die Fototapete – gibt's auf Samoa auch in echt.

Das türkisfarbene Meer liegt direkt vor der Haustür, wenn es eine gäbe.

An diesen „Wasserhäuschen“ bekommt man auch Ava,
ein milchtrübes Getränk aus der Kavawurzel. Es wirkt angenehm betäubend.

Fa'a Samoa. Die Glaubens- und Wertschätzungskette ist klar geregelt. Erst kommt Gott, dann der Matai (Dorfhäuptling).

Unsere kleine Urlaubsinsel war von 1899 bis 1914 deutsche Kolonie. Dabei ist es dem klugen und sanftmütigen Gouverneur Dr. Wilhelm Solf zu verdanken, dass deutsche Touristen auf der Insel bis heute noch sehr geschätzt werden. Obwohl ihr Inselhäuptling damals „Wilhelm der Zweite“ hieß und einen Zwirbelbart unter seiner Spitzhaube trug.

Nach dem Ersten Weltkrieg übernahmen die Briten die Macht, fanden aber keine Verwendung für Kaffee, Bananen, Taro, Yams, Brotfrüchte und Kokosnüsse und legten das Schicksal Samoas in die fürsorglichen Hände der Neuseeländer. Diese bemühten sich immerhin bis 1962, dann wurde Samoa als erste polynesische Insel unabhängig, worauf heute noch viele Hemdknöpfe in hohem Bogen davon fliegen, wenn man die Einwohner darauf anspricht.

Die etwa 190.000 Samoaner dürfen sehr stolz auf ihre Inseln sein (die beiden größten sind Savaii und Upolu, auf der auch die Hauptstadt Apia liegt). Ihre Heimat ist aus unserer Sicht eines der letzten Paradiese dieser Erde. Und die Einwohner tun alles dafür, dass dies auch in Zukunft so bleibt.

Auf dem Markt von Apia: Echte Pfundskerle verkaufen stärkehaltige Taro-Knollen, die wie Kartoffeln gekocht und gegessen werden.

Jetzt fehlt nur noch der Grill. Das Fleisch liegt schon bereit.

KLOPFEN SIE AN DIE HAUSTÜR VON ROBERT LOUIS STEVENSON. DER BERÜHMTE SCHRIFTSTELLER WOHNTE VON 1890 BIS ZU SEINEM TOD 1894 IN EINER VILLA NAHE DER HAUPTSTADT APIA. EIN 45-MINÜTIGER SPAZIERGANG AUF DEN ANGRENZENDEN HÜGEL FÜHRT ZU SEINEM GRAB. AUSSERDEM LOHNT SICH EIN BLICK IN DIE NACHBARSCHAFT, IN DER DIE SELTSAM FUTURISTISCHE TEMPELANLAGE DER RELIGIONSGEMEINSCHAFT BAHAI THRONT.

Auf Samoa werden nicht nur die Traditionen gepflegt.

„FA'A SAMOA" NENNEN DIE EINHEIMISCHEN IHREN TRADITIONELLEN LEBENSSTIL, DEN SIE BITTE RESPEKTIEREN MÖCHTEN. DAZU GEHÖRT: VOR BETRETEN EINES FALE DIE SCHUHE AUSZIEHEN. WENN ÄLTERE IN DER FALE SITZEN, NICHT STEHEN BLEIBEN. BEIM SITZEN NICHT MIT DEN FÜSSEN AUF ANWESENDE PERSONEN ZEIGEN. WÄHREND DES ABENDLICHEN GEBETES (18 BIS 19 UHR) NICHT IM DORF HERUMLAUFEN. FRAUEN TRAGEN IMMER (AUSSER AM STRAND) EINEN LAVALAVA (WICKELROCK). NACKT- UND OBEN-OHNE-BADEN SIND VERBOTEN.

Handwerk hat goldenen Boden. Die Korbflechtkunst ist davon ausgenommen.

Michael im Lavalava (Wickelrock) mit Loverlover (Sascha).

Schlank sieht man hier selten. Das Nationalgericht „Taro Palusami" (in Taroblätter eingewickelte Kokoscreme) schlägt bei fast allen Samoaner auf die Hüfte.

So basteln wir uns ein Windspiel: Während ich mit Sascha nach Muscheln, Rinden und Korallen suche, wickeln Jutta und Michael mehrere Kordeln nebeneinander um einen kahlen Ast. Dann fädeln sie das „Treibgut“ in die hängenden Schnüre und schenken es dem Virgin Cove, wo es vielleicht heute noch mit dem Wind spielt.

Rollende Discos. Der Fahrer spielt die Musik, die ihm gefällt, so laut es ihm gefällt.

OBWOHL AUF DER HAUPTINSEL UPOLU NUR WENIGE STRASSEN GETEERT SIND, LOHNT SICH EINE INSELRUNDFAHRT. DIESER TAGESAUSFLUG BRINGT SIE IN ABGELEGENE DÖRFER, AN ENTLEGENE STRÄNDE UND DURCH DICHTBEWACHSENE WÄLDER. BEI ZWISCHENSTOPPS (ZUM BEISPIEL AN DEN VIELEN KIOSKEN) KOMMEN SIE MIT NETTEN EINHEIMISCHEN IN KONTAKT. WEM DIE INSEL ZU KLEIN WIRD, DARF MIT DER AUTO-FÄHRE (ABFAHRT ALLE ZWEI STUNDEN) NACH SAVAI'I ÜBERSETZEN.

In jedem Dorf, durch das wir fahren, laufen Kinder freudestrahlend neben unserem Wagen her, rufen „Palagi, palagi" (Weiße, Weiße) und winken uns zu, wie viele andere Dorfbewohner auch, die in ihren offenen Hütten sitzen oder gerade mit der Familie Volleyball spielen. Ob Klein oder Groß, ob Stammesjüngster oder Häuptling, alle sind aufrichtig herzlich und ihre Kinder sind so süß, dass man sie stundenlang knuddeln möchte.

„GEHT ALSO AUCH EINFACH, ODER?"

Auch die Regierung trägt zum Paradies bei. Sie schreibt beispielsweise jährlich einen Wettbewerb um das „sauberste Dorf" aus. Und jetzt dürft ihr euch vorstellen, wie geleckt die Häuser und Straßen hier aussehen. Jede Hütte ist in knalligen Farben angestrichen. Jeder Rasen wird gehegt und gepflegt. Und jeder Garten ist mit Blumen und Südsee-Früchten angepflanzt.

Farben sind auf der Insel sehr dominant. Bunt ist offenbar die Lieblingsfarbe der Einheimischen: Landschaft, Kleidung, Häuser, ja selbst die Inselbusse sind hier kunterbunt angemalt. Man muss sich also keine Nummern merken, wenn man mal ins Nachbardorf will, sondern die Farben.

„Ich nehm heute mal den blauen mit dem gelben Dach und den roten Fenstern. Und du?"

„Weiß nicht, vielleicht steig ich später mal in den grünen mit der pinkfarbenen Motorhaube."

Geht also auch einfach, oder?

Kompliziert sind dagegen Datum und Uhrzeit. Weil Samoa am Ende der Datumsgrenze liegt, erlebt man hier den Tag als Letzter und das hatte für uns, die wir aus Neuseeland kamen, einige Folgen. Die Schwerwiegendste war, dass wir den 14. Januar gleich zweimal erlebten, dafür aber auf 18 Stunden vom 29. Januar verzichten mussten.

DATUMSGRENZE

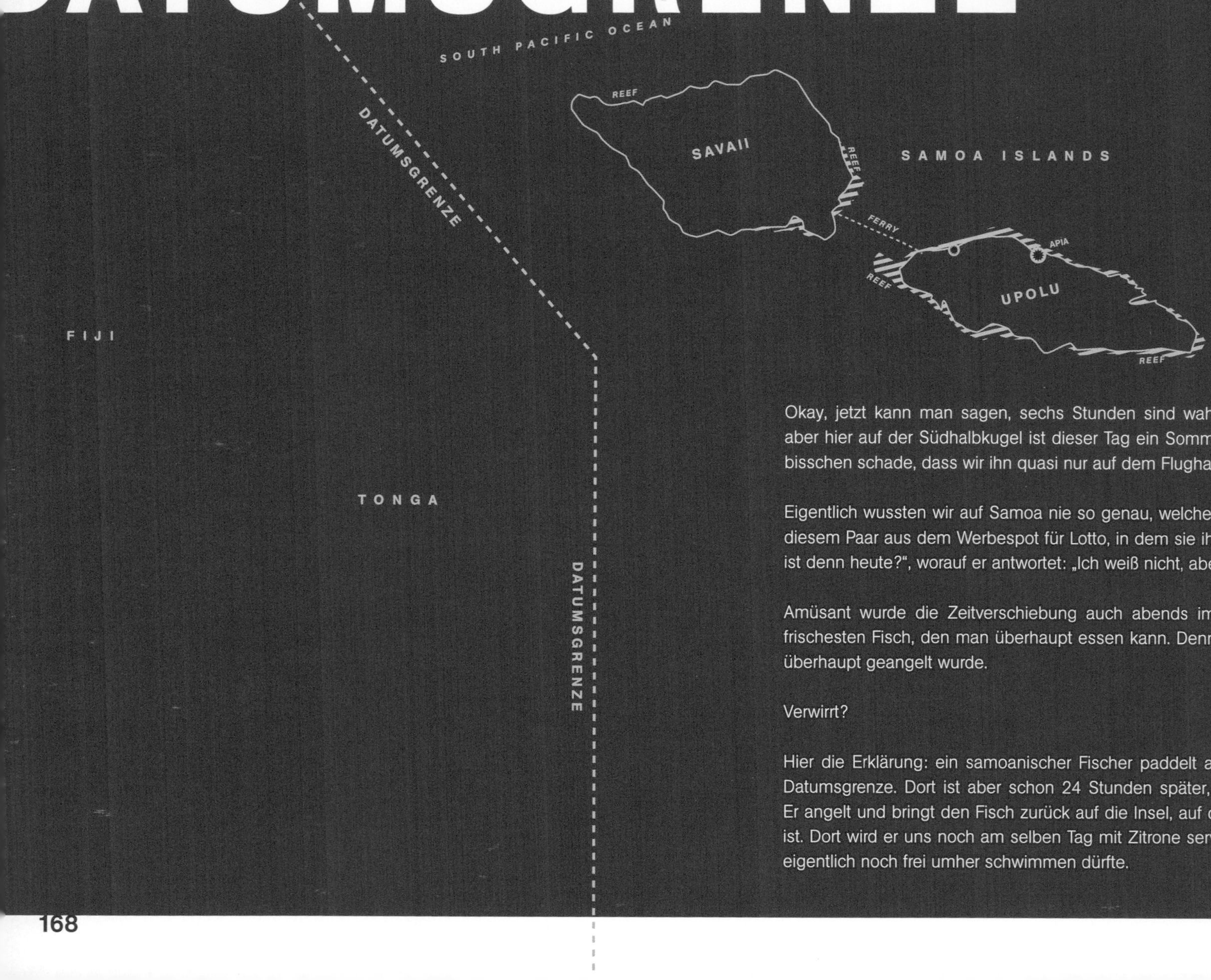

Okay, jetzt kann man sagen, sechs Stunden sind wahrlich genug für einen Januartag, aber hier auf der Südhalbkugel ist dieser Tag ein Sommertag und daher ist es schon ein bisschen schade, dass wir ihn quasi nur auf dem Flughafen und im Bett verbrachten.

Eigentlich wussten wir auf Samoa nie so genau, welcher Tag gerade ist. Uns ging es wie diesem Paar aus dem Werbespot für Lotto, in dem sie ihn fragt: „Du Schatz, der Wievielte ist denn heute?", worauf er antwortet: „Ich weiß nicht, aber ich glaube November!"

Amüsant wurde die Zeitverschiebung auch abends im Restaurant. Dort aßen wir den frischesten Fisch, den man überhaupt essen kann. Denn wir haben ihn verzehrt, bevor er überhaupt geangelt wurde.

Verwirrt?

Hier die Erklärung: ein samoanischer Fischer paddelt am 22. Januar morgens über die Datumsgrenze. Dort ist aber schon 24 Stunden später, also Vormittag des 23. Januars. Er angelt und bringt den Fisch zurück auf die Insel, auf der ja immer noch der 22. Januar ist. Dort wird er uns noch am selben Tag mit Zitrone serviert, obwohl er laut Zeitrechnung eigentlich noch frei umher schwimmen dürfte.

Noch ein Rätsel? Was haben eine Vase, eine Togal-Tablette und ein Collier gemeinsam?

Die Lösung lernten wir in unserem traumhaften Virgin-Cove (dort haben uns die Angestellten zum Abschied sogar ein Liedchen gesungen) kennen. Ihre Namen: Michael und Sascha. Zwei deutsche Schwule, die uns ganz offen über homosexuelle Gewohnheiten, Vorlieben und Gesten aufklärten. Ihr dürft folgende Körperhaltungen auch gerne mal zu Hause ausprobieren! Zieht aber vorher die Vorhänge zu.

Die Vase:
Dabei werden beide Handrücken auf die Hüften gelegt und die Finger weit gespreizt. Die Vase wird gerne bei trotzigem Verhalten angewandt: „Nein, ich will heute nicht mit in die Sauna, es sei denn, du sagst was Hübsches zu meinem neuen T-Shirt."

Die Togal-Tablette:
Linker Handrücken auf die Stirn gelegt und rechte Hand weit von sich gestreckt, dabei das Handgelenk fallen lassen. Wird bei Unwohlsein demonstriert: „Du Schatz, geh bitte heute allein in die Sauna, mir geht's nicht gut, ich sterbe!"

Das (doppelte) Collier:
Beide Hände mit gespreizten Fingern übereinander auf den Brustkorb legen und dabei überrascht tun: „Waaas? Du willst heut Abend schon wieder in die Sauna, mon dieu, das ist gar nicht gut für deinen Teint!"

Jungs, Ihr seid Spitze. Die Zeit mit Euch war herrlich. Wir genossen die zu tiefst offenen und ehrlichen Gespräche im Restaurant, aber auch die sonnigen Stunden am Strand. Jutta bastelte mit Michael, dem Saunabesitzer, ein Windspiel aus gesammelten Muscheln, Korallen und Hölzern. Und ich spielte mit Sascha Volleyball unter Palmen.

RÄTSEL

FÜR WENIGER EMPFINDLICHE IST DAS „VIRGIN COVE“ EIN KLEINES JUWEL AN DER WESTKÜSTE VON UPOLU. DIE RUHIGE ANLAGE HAT DEN CHARME EINES LIEBEVOLL GEFÜHRTEN EIGENHEIMS. SIE SCHLAFEN UNTER KOKOS-PALMEN IN EINFACHEN, AUF STELZEN GEBAUTEN HÜTTEN (FALE) DIREKT AM STRAND. FRÜHSTÜCK UND ABENDESSEN (SAMOANISCHE KÜCHE) WERDEN IM GEMEINSCHAFTSHAUS SERVIERT. SEHR HOHER ENTSPANNUNGS-FAKTOR, ABSOLUT EMPFEHLENSWERT. LIEBLINKS: WWW.VIRGIN-COVE.WS

Die Menschenfresser von heute haben viel von ihrer Gefährlichkeit verloren.

Alles war im höchsten Maße entspannt.
Wir mussten nur hier und da mal aufpassen, dass uns keine Kokosnuss auf den Kopf fiel, sonst war alles perfekt. Auch die zum Teil heftigen Regenschauer (hier auf Samoa ist gerade Regenzeit) konnten unserer Urlaubsfreude nichts anhaben. Im Gegenteil: Bei Regen ließ es sich immer wunderbar Lesen oder ein Nickerchen machen.

Jetzt aber hopp. In drei Stunden ist Abflug, dann geht's den langen Weg über den Pazifik. Flugzeit: etwa elf Stunden. Drüben wartet Chile. Und dabei wissen wir überhaupt nicht, was uns erwartet. Hach, wie schön, da ist es wieder, dieses abenteuerliche Prickeln. Wir bleiben neugierig und grüßen Euch aus der Lobby eines unbedeutenden Flughafenhotels.

Jurob

P.S. AOG heißt „Assemblies of God“.
P.S.S. Ihr dürft jetzt die Vorhänge wieder aufziehen.

Kriegstanz und Feuerakrobatik beim traditionellen Fiafia-Fest. Liebe Kinder! Bitte zuhause nicht nachmachen!

{·1·2·3·}

4.300 KM LANG · 177 KM BREIT · HAUPSTADT SANTIAGO ·
TROCKENSTE WÜSTE DER WELT (ATACAMA) · HÖCHSTER VULKAN DER WELT ·
HÖCHSTGELEGENER SEE DER WELT ·
95 % ALLER CHILENEN SEHEN TÄGLICH EINE SOAP OPERA ·
AM NATIONALFEIERTAG, DEM 18. SEPTEMBER, MÜSSEN ALLE HÄUSER
DIE CHILENISCHE FLAGGE HISSEN ·

CHI

Eingeklemmt zwischen Pazifikküste und Andenkette: Chile ist mit seinen Wüsten, Gletschern, Urwäldern und Vulkanen (hier der Osorno bei Puerto Varas) ein Land der Extreme.

Nach langer Durststrecke über den Pazifik.
Santiago de Chile begrüßt uns mit Bier aus 1,2 Liter-Flaschen.

Er steht vom Nachbartisch auf, schwingt seinen Stuhl herüber, setzt sich ohne zu fragen zu uns und sagt mit breitem amerikanischen Akzent: „Du weischt nischt wasch du wilscht."

Wir müssen lachen und er lacht mit. Dann stellt er sich als „Chris aus Kansas" vor und erklärt, dass dies der einzige deutsche Satz wäre, den er sprechen könne. Und dass er ihn erst einige Tage zuvor von einem streitenden Pärchen aufgeschnappt habe, wobei die Frau dem Mann die Worte mehrmals deutlich ins Gesicht gesagt hätte, worauf er, also Chris, nun glaube, dass es ein Satz von großer Bedeutung wäre.

Recht hat er. „Du weischt nischt wasch du wilscht" ist wirklich ein Satz von großer, wenn nicht sogar von entscheidender Bedeutung. Und bevor wir ihm die Übersetzung liefern, wird uns klar, dass auch wir gerade nicht wissen, was wir wollen.

„DORT, WO DIE WELT ZU ENDE GEHT"

Auf unserem Tisch liegt die Landkarte Chiles. Sie ist so lang, dass die beiden Enden wie ein Tischtuch über die Tischkanten fallen. Die Ausmaße des Landes sind enorm und wer Schwierigkeiten hat, sich das Verhältnis „Länge zu Breite" bildlich vorzustellen, sollte dringend mal aufs Klo gehen. Chile lässt sich nämlich maßstabsgerecht auf etwa zwei Meter Toilettenpapier skizzieren.

Das Land ist über 4.300 Kilometer lang und zieht sich – sage und schreibe – über 39 Breitengrade. Dagegen ist es im Durchschnitt gerade mal 177 Kilometer breit. Übrigens kommt der Name Chile nicht von der Chilischote, wie man aufgrund der Form gerne annehmen möchte, sondern höchst wahrscheinlich von der Sprache der Aymara, einem indigenen Volk, die das Land von jeher „chilli" nannten, was soviel bedeutet wie „dort, wo die Welt zu Ende geht".

ATACAMA

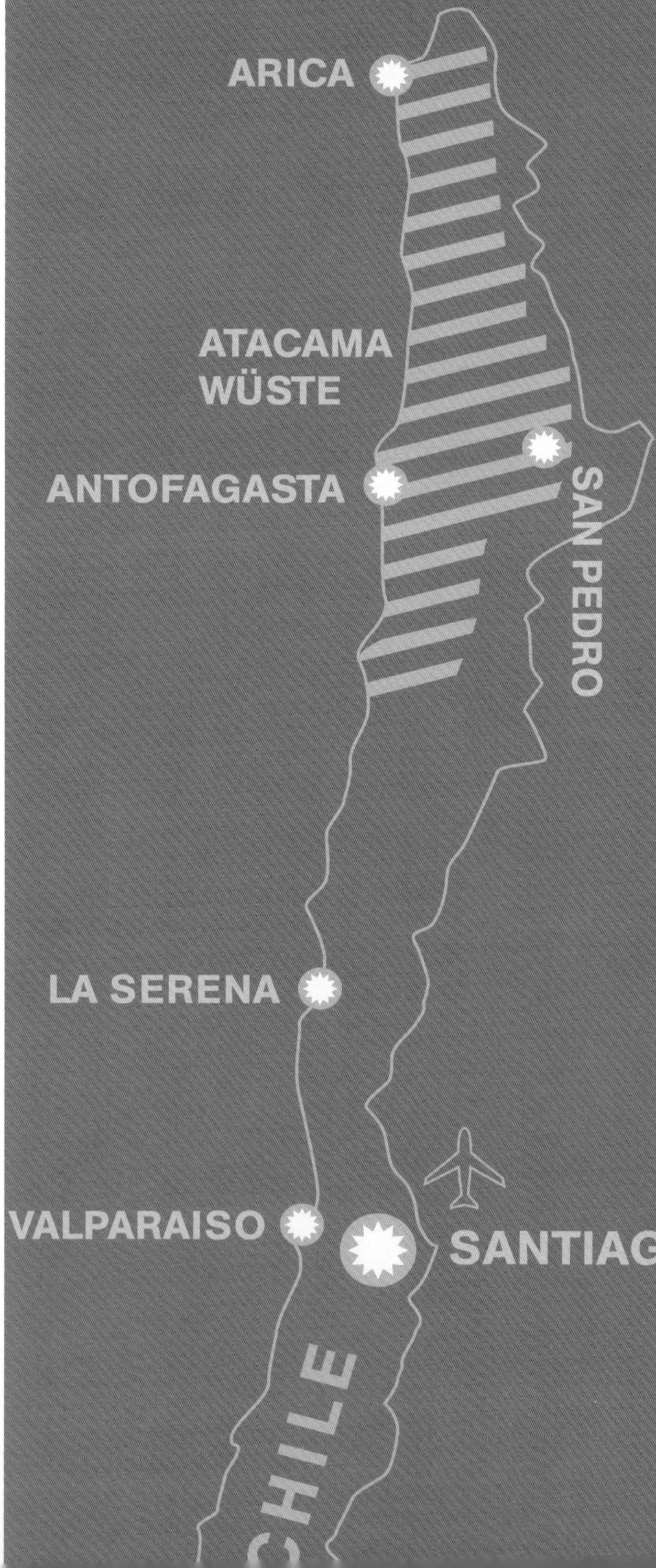

Doch bleiben wir noch einen Moment beim Klopapier. Faltet man es zu zwei gleich langen Hälften, liegen mittig auf der vorperforierten Abrisslinie die Hauptstadt Santiago und die Hafenstadt Valparaíso. Alles, was nördlich davon liegt, wird trockener, heißer und endet mit der Atacama-Wüste. Und alles, was südlich der Linie liegt, wird grüner, kühler und endet mit den Fjorden auf Feuerland.

Mit all seinen Vulkanen, Gletschern, Stränden, Seen, Steppen und grünen Inseln liegt Chile gut geschützt zwischen dem Pazifik und den bis zu 7.000 Meter hohen Anden. Für Feinde galt das Land lange Zeit als „nicht eroberbar". Umso erstaunlicher ist, dass die zahlenmäßig zwar unterlegenen – aber von Bismarck gut geschulten – chilenischen Soldaten Peru und Bolivien im sogenannten Salpeterkrieg (1879-1883) besiegen und dadurch wichtige Bodenschätze erobern konnten.

Kupfer, Lithium und Nitrat (Salpeter), die Atacama ist seitdem die Schatzkammer der Nation. Vor allem Lithium, das heute unter anderem zur Herstellung von Batterien und Flachbildschirmen dringend benötigt wird, hat Chile zum wohlhabendsten Land Südamerikas gemacht. Was man von Bolivien, dem großen Verlierer, ganz und gar nicht behaupten kann. Denn mit der Niederlage verlor Bolivien neben den Rohstoffen auch seinen einzigen Zugang zum Meer (mit Ausnahme des Freihafens Arica) und damit auch den Zugang zum internationalen Handel.

Während wir mit Chris und der Engländerin Kathy, die sich später ebenfalls ungefragt an unseren Tisch setzte, ein Escudo (gutes Bier in 1,2 Literflaschen) nach dem anderen kippen, flattert irgendwann ein Zettel von „Pachamama by Bus" in unseren Schoß.

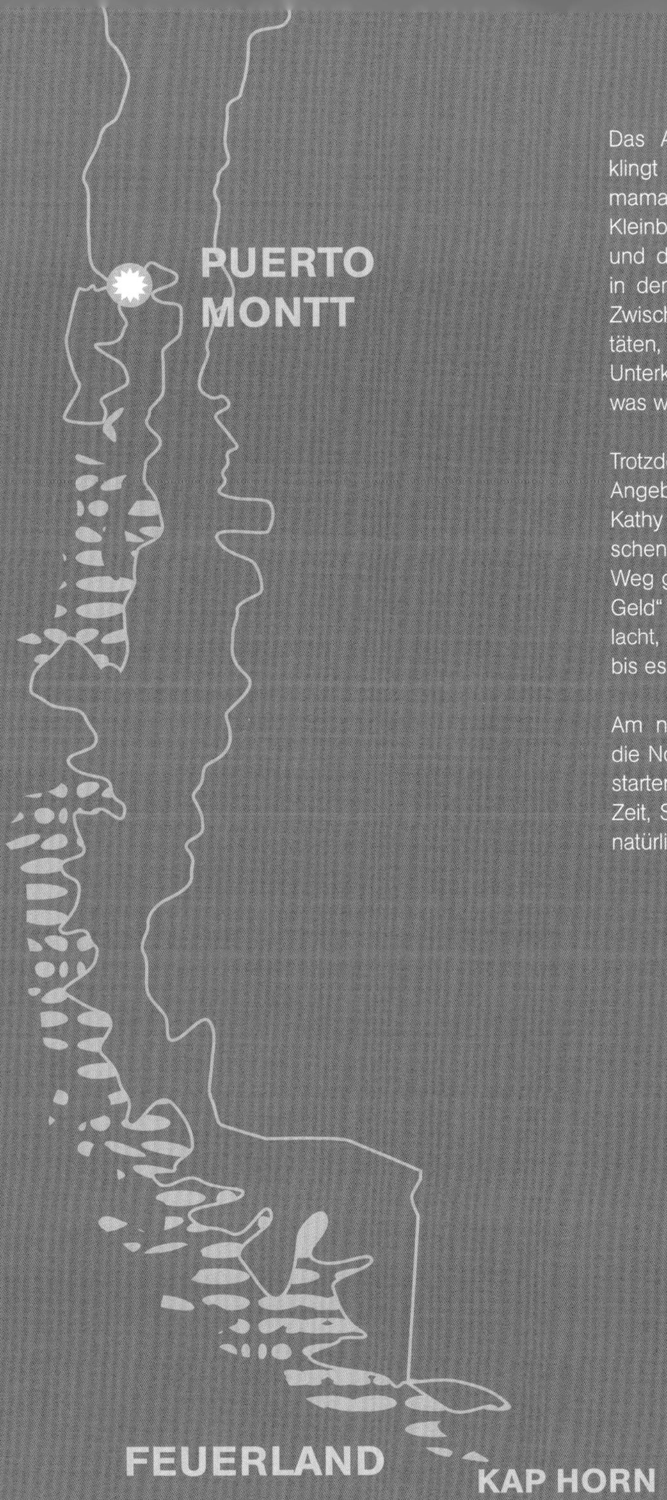

Das Angebot dieser Backpacker-Reiseagentur klingt verlockend. Und auch der Preis. Pachamama bietet zwei günstige Touren im bequemen Kleinbus an. Die eine Route führt in den Norden und dauert zehn Tage. Die andere geht runter in den Süden und braucht sieben Tage. Jeder Zwischenstopp bietet eine Vielzahl von Aktivitäten, aus denen man frei wählen kann. Und für Unterkünfte wird vor Ort auch gesorgt. Reiseherz, was willst du mehr?

Trotzdem wollten wir eine Nacht über dieses Angebot schlafen und verabschieden uns von Kathy und Chris, dem wir einen weiteren deutschen Satz „von großer Bedeutung" mit auf den Weg geben: „Halb betrunken ist rausgeworfenes Geld" – „To be half drunk is wasting money". Chris lacht, hebt die Flasche und trinkt so lange weiter, bis es sich lohnt.

Am nächsten Morgen buchen wir willensfest die Nordtour, die schon gleich am nächsten Tag starten sollte. Wir hatten also nur 24 Stunden Zeit, Santiago zu entdecken, was bei der Größe natürlich völlig unmöglich ist.

FEUEERLAND

Das chilenische Englisch kam uns irgendwie Spanisch vor.

Liebe Fast-Drink-Coffeeshops!
So sieht ein guter Café con Leche aus.

Die Kirche hat in Chile großen Einfluss.
Auf Gesetz, Kultur und Medien.

VORSICHT BEIM GELD ABHEBEN! IN CHILE WIRD DIE KARTE NACH DER GELDENTNAHME NICHT AUTOMATISCH WIEDER AUSGESPUCKT. DER AUTOMAT FRAGT STATTDESSEN NACH EINER WEITEREN TRANSAKTION, DIE SIE ERST MIT NEIN BEANTWORTEN MÜSSEN, DAMIT ER IHRE KARTE WIEDER FREIGIBT.

Historische Gebäude und Denkmäler sind in der Hauptstadt selten restauriert. Rund um den Plaza de Armas sehen wir ein paar Ausnahmen.

In Santiago lebt ein Drittel der chilenischen Bevölkerung und entsprechend hektisch geht es hier auch zu. Viel zu viel Verkehr drängelt sich auf den vierspurigen Straßen und setzt der Stadt täglich eine Dunstglocke auf. Die Menschen haben es wie in jeder Großstadt eilig, wollen schnell zur Arbeit und verschwinden dann und wann hinter den Drehtüren moderner Glaspaläste.

Doch im Schatten hoher Bürotürme verstecken sich mancherorts prächtige, altherrschaftliche Häuser im spanischen Kolonialstil, deren Glanz vermutlich während der Regierungszeiten des Sozialisten Salvadore Allende (1970-73) und des Diktators Augusto Pinochet (1973-90) verblasste. Aus Geldmangel vernachlässigt sind sie meist zu Ruinen verfallen. Oder war es aber auch eines der 40 schweren Erdbeben in den etzten 400 Jahren?

Wir wissen es nicht, aber einen Hauch von diesem alten Flair lässt sich noch im Künstlerviertel „Bellavista“ einfangen. Hier kann man angenehm bummeln, unter alten Bäumen sitzen und entspannt zu Abend essen. Selbst der berühmte Dichter und Nobelpreisträger Pablo Neruda fand das Viertel so schön, dass er hier leben wollte.

Vom geschäftigen Zentrum der 5,5 Millionen-Stadt sind uns vor allem zwei Dinge im Gedächtnis geblieben. Erstens die unzähligen Schuhputzer, die alle Hände voll zu tun haben, weil die chilenischen Männer größten Wert auf gepflegtes Schuhwerk legen. Und Zweitens die sogenannten „Cafe Relaxes“, eigentlich ganz normale Kaffeehäuser, mit dem kleinen aber feinen Unterschied, dass darin ausschließlich hübsche, leicht bekleidete Damen den Kaffee servieren. Auch wenn es mir schwer viel, mich voll und ganz auf das Aroma zu konzentrieren, bin ich im Nachhinein überzeugt, dass ich dort den besten Kaffee meines Lebens getrunken habe.

Felsenküste bei Antofagasta. Das Meer wird aufgrund des antarktischen Humboldtstroms nie wärmer als 13 Grad.

WER NACH CHILE KOMMT, SOLLTE VIEL ZEIT MITBRINGEN. DAS LAND IST SEHR GROSS UND BIETET VIEL ABWECHSLUNG. ORGANISIERTE TOUREN IN KLEINEN GRUPPEN ERLEICHTERN IHRE ENTDECKUNGSREISEN. VOR ALLEM DANN, WENN IHR SPANISCH NOCH IN DEN KINDERSCHUHEN STECKT. DIE REISEAGENTUR „PACHAMAMA BY BUS“ BIETET GÜNSTIGE REISEN QUER DURCHS LAND. ADRESSE: AUGUSTINAS 2113, SANTIAGO. FRAGEN SIE NACH REISELEITER JORGE!

Zwei Reisebegleiter mit hohem Unterhaltungswert: Links Jorge, rechts ein Delphin.

Fressen, sonnen, schlafen. Mähnenrobben, Seelöwen und Seeelefanten auf der „Isla Damas".

Chile ist das einzige Land, in dem Pinguine neben Kakteen leben.

Mit einem lauwarmen Automatenkaffee aus dem Plastikbecher stiegen wir am nächsten Morgen in den Pachamama-Kleinbus und düsten los. Bereits an Bord waren Magdalena und Georg aus Graz, Katharina und Rainer aus Berlin, Kathrin und Richard aus England, die drei Schwedinnen Linea, Camilla und Erica und Wendy, die New Yorkerin.

„RRRRRRRODRRRRRRIGO“

Jorge (gesprochen: Chorche), unser aufgeschlossener Reisebegleiter und Rodrigo (gesprochen: Rrrrrrrodrrrrrigo) der Fahrer, sind ein eingespieltes Team und verstehen es gut, aus wildfremden, zufällig zusammengewürfelten Menschen eine verschworene Gemeinschaft zu bilden. Wir werden gemeinsam viel Spaß haben, dass wurde uns schon nach den ersten Kilometern klar.

Gleich vorweg. Auf der zehntägigen Nordtour haben wir Dinge gesehen und erlebt, die wir ohne Pachamama niemals gesehen und erlebt hätten. Jeder Tag war volles Programm, trotzdem kam nie Stress auf. Im Gegenteil: Wir freuten uns nach jedem kleinen Abenteuer schon auf das nächste. Und auch auf die Busfahrt, die dazwischen lag.

HIER UNSER UNVERGESSLICHES NORDCHILE-ABENDTEUER IM SCHNELLDURCHLAUF:

Wir fuhren in einem Beiboot, das von Delphinen begleitet wurde, zu einer Insel, auf der wir Seelöwen, Seeelefanten und Pinguine aus nächster Nähe sahen, gingen andächtig über einen zerfallenen Wüstenfriedhof, ließen uns vor der „Hand der Wüste“ fotografieren, gingen abends gemeinsam in den Städten La Serena und Antofagasta Cazuela essen und Pisco-Sour trinken, durchquerten riesige Salzseen, in denen seltsam geformte Salzkristalle bizarre Schatten warfen, badeten in einer Wüstenoase, kletterten auf über 100 Jahre alten Lokomotiven herum, die man auf Abstellgleisen stehen ließ, genossen ein leckeres BBQ, das Jorge und Rodrigo für uns zubereiteten und müssen an dieser Stelle erst mal tief Luft holen.

Drei Anhaltspunkte für LKW-Fahrer. Die 19-jährigen Schwedinnen Camilla, Linea und Erica.

Jorge zeigt uns seine Heimat. Angeblich fiel hier seit Ankunft der Spanier kein Regen mehr.

Fehlplanung: Dampflokomotiven brauchen Wasser, das in der Atacama aber sehr selten vorkommt. Schuld ist der kühle Humboldtstrom, der jede Regenwolke über dem Meer kondensieren und abregnen lässt.

Hier hat Mutter Erde noch keinen Finger krumm gemacht.

Staub zu Staub. Bei 40 Grad im Schatten (wenn es einen gäbe) und null Prozent Luftfeuchtigkeit kann man in der Atacama nicht einmal anständig ins Gras beißen.

Das Küstengebirge „Cordillera de la Costa“ entstand durch Plattenbewegungen der Erdkruste und ist älter als die Anden.

Schönes, klares Licht. Das „Villa de la Luna“ kurz vor Sonnenuntergang.

Weiter geht's. Wir sahen einen traumhaften Sonnenuntergang über dem sogenannten „Moon Valley“, schwitzten in der staubigen aber schönen Stadt „San Pedro de Atacama“ bei gefühlten 40 Grad im Schatten, versuchten uns im Sandboarding, was aber mit „Socken in der lockeren Bindung“ ziemlich schnell mit Sand zwischen den Zähnen endete, kletterten durch dunkle Höhlen, sahen die Mondoberfläche, den Mars und die Ringe des Saturns bei einem Besuch in einem Observatorium, ritten wie echte Gauchos auf echten Pferden den Berg hinauf und – viel spannender – auch wieder hinab, waren in einer typisch chilenischen Discothek tanzen und probierten in einer der größten Schnapsbrennerei des Landes einen neu kreierten Pisco-Geschmack.

Vor allem die Stille und Einsamkeit der Wüste hat es uns schwer angetan. Laut Wetterstationen hat es hier in den letzten 60 Jahren keinen einzigen Tropfen Niederschlag gegeben, was die Atacama in allen Statistiken zur „trockensten Wüste der Welt“ macht. Das wäre sie bis heute auch geblieben, wenn unsere acht trinkfreudigen aber blasenschwachen Mädels nicht ständig eine Pinkelpause gefordert hätten.

Hat alle aus den Socken gehauen. Sandboarding auf 3.000 Meter Höhe.

BASISCAMP FÜR EINE ANDEN-ÜBERQUERUNG IST DAS 5.000-SEELEN-DORF SAN PEDRO DE ATACAMA. HIER STARTEN AUSSERDEM TÄGLICH VERSCHIEDENE TOUREN. ZUM BEISPIEL ZU DEN FLAMINGOS IN DIE „SALAR DE ATACAMA“, ZU DEN ETWA 80 BRODELNDEN GEYSIREN „DEL TATIO“ ODER NACH UYUNI (BOLIVIEN) ZUM GRÖSSTEN SALZSEE DER WELT. ABENDS VERWANDELT SICH DER WÜSTENORT IN EINE WEIN- UND BIER-OASE. UNTERHALTSAME BARS UND BEHAGLICHE RESTAURANTS LADEN ZUM VERWEILEN EIN.

Die rosarote Farbe der Flamingos kommt von den karotinhaltigen Krebsen, die sie gerne futtern.

Die schönsten Pausen sind lila. Abendsonne in den Anden.

Salz auf unserer Haut. Gruppenfoto mit Flamingos in der „Salar de Tara".

„DON'T RIDE THE WHITE HORSE"
(Jorges Lieblingslied)

Die Berge kahl, die Täler grün. Das fruchtbare „Valle d'Elqui" ist ein Eldorado für Weinliebhaber und Pisco-Trinker.

Stichhaltiger Schutz. Wer braucht da noch einen Stacheldraht?

In Amerika ein Cowboy, in Argentinien ein Gaucho, in Chile ein Huaso.

Auch das Reiten und der Besuch im Observatorium haben uns schwer begeistert. Mal abgesehen vom Ponyreiten auf dem Rummelplatz saßen wir beide das erste Mal auf einem ausgewachsenen Pferd. Und ritten – mehr oder weniger sattelfest – gleich über kakteenbewachsene Berghänge. Das war Hölle anstrengend und wir werden garantiert die nächsten Cowboy- und Indianerfilme mit anderen Augen sehen.

Sitzt man noch am selben Abend unter einer großen, runden Kuppel, die sich dreht und plötzlich einen Spalt weit öffnet, wodurch wir Mondkrater, Planetenringe und Sternenstaub vielfach vergrößert bewundern konnten, sieht man auch den Mond in den nächsten Cowboyfilmen mit anderen Augen.

Eigentlich, und das bedauern wir beide gerade sehr, kommt bei der Beschreibung dieser Erlebnisse die gute Stimmung, die wir im Bus hatten, viel zu kurz. Denn selbst auf den langen Strecken wusste Jorge uns immer gut zu unterhalten. Manchmal mit interessanten Geschichten, die er spannend zu erzählen wusste, manchmal mit Musik, die er auf volle Lautstärke drehte. Und so kam es, dass „White Horse" in Chile eine Renaissance erfuhr. „If you wanna ride, don't ride the white horse."

On the road again. Pachamama schickte uns mit diesem Kleinbus in die Wüste.

Nix für Empfindliche: Unser Frühstückstisch und Schlafgemach in San Pedro.

Die beiden hatten so großen Gefallen daran, dass die Wiederholungstaste meines Players langsam den Aufdruck verlor. Selbst die blutjungen Schwedinnen fanden den Song so gut, dass sie ihn bei nächster Gelegenheit downloaden wollen. Vielleicht erlebt die Gruppe Laid Back dadurch ein kleines Comeback. Zu wünschen wäre es ihr jedenfalls.

Gewünscht hätten wir uns, dass die Reise länger dauert. Und da kam das Angebot von Jorge gerade recht, der uns vorschlug, doch gemeinsam mit ihm und neuen Gästen in drei Tagen auf die Südtour zu gehen. Warum eigentlich nicht? Zeit hätten wir ja genug. Und interessant ist der Süden Chiles allemal. Also buchten wir kurzerhand das Anschlussticket.

Bis dahin blieben wir in unserem Zwischenstopp in Santiago. Und erledigten solch wichtige Dinge wie Wäsche waschen, Postkarten schreiben und mit dem Bus nach Valparaíso fahren.

Das Oasendorf San Pedro liegt auf 2.500 Meter Höhe und war schon vor rund 11.000 Jahren bewohnt.

Schwere Landung. Der Braunpelikan frisst bis zu drei Kilogramm Fisch am Tag.

Weil die Pazifikküste Bruststätte und Futterstelle zugleich ist, wird sie unter anderem von Chilepelikanen, Seiderreihern und Dominikanermöwen gerne angeflogen.

SANTIAGO

Das chilenische Bussystem und Streckennetz – dass muss hier mal gesagt werden – ist einzigartig. Tausende Busse sind hier ständig irgendwohin unterwegs. Selbst das entlegenste Dorf, wird hier noch regelmäßig angefahren. Und zwar mehrmals täglich.

Nach Valparaíso zum Beispiel fährt alle 20 Minuten ein Bus. Hm, werden viele denken, was ist daran schon besonders? Nun, Valparaíso liegt von Santiago ungefähr 120 Kilometer entfernt, vergleichbar mit der Strecke Frankfurt – Würzburg. Und ich bin nicht sicher, ob es zu Hause überhaupt einen Bus gibt, der diese Strecke fährt. Und falls ja, dann garantiert nicht alle 20 Minuten für umgerechnet 3,50 € pro Person.

Bleibt die Frage: Wer will schon nach Würzburg? Und warum?

Nein, hier verreist kaum einer mit dem Zug oder mit dem Auto. Wozu auch? Der Bus ist schneller, günstiger und bequemer. Auf Langstrecken werden sogar klimatisierte Schlafbusse eingesetzt, die mit Flachbildschirmen und Liegesitzen ausgestattet sind. Mit an Bord ist auch immer ein(e) Steward/ess, der/die zum Dinner einen Aperitif serviert und zum Frühstück einen frisch gebrühten Kaffee.

Nicht halb so angenehm war unsere einstündige Busfahrt nach Valparaíso, einer Stadt von der „Lonely Planet" schreibt, es sei die schönste Stadt Chiles, was wir aber ganz und gar nicht nachvollziehen können. Okay, das historische Viertel, das auf einem der 42 Hügeln liegt, ist schon alleine der bunten, mit Graffiti bemalten Häuser wegen sehenswert. Aber die Stadt selbst würden wir trotzdem niemals als „schön" beschreiben. Vielleicht sind es aber auch die Menschen, die der alten Hafenstadt einen „ursprünglichen" Charakter verleihen. Wir wissen es nicht, und um es herauszufinden, bleiben wir nicht lange genug vor Ort.

VALPA

RAISO

Hafenstadt mit Patina. Weil bis zur Öffnung des Panama-Kanals alle Schiffe ums Kap Horn segeln mussten, war Valparaiso im 19. Jahrhundert eine wohlhabende Kaufmannsstadt.

Surfer's Paradies. An die Strände von „Punta de Lobos" (fünf Kilometer südlich von Pichilemu) schwappen die schönsten und höchsten Wellen von Chile.

Stattdessen steigen wir am nächsten Morgen schon wieder in den Pachamama-Bus. Jorge hat sich in den letzten drei Tagen kaum verändert. Er begrüßt uns sehr herzlich und fragt mich gleich nach meinem mp3-Player. Nur Rodriguez sieht irgendwie anders aus, was vermutlich daran liegt, dass er jetzt Enrico heißt. Er wird uns schon bald durch herrlich grüne Täler fahren, an deren sonnigen Hängen der Wein reift. Der Süden von Santiago ist fruchtbares Mapuche-Land.

Die Mapuche waren uns bis dato völlig unbekannt und wir schämen uns dafür, denn sie sind das einzig überlebende (Nat)Urvolk Südamerikas. Während die Inkas und die Mayas dem verblendeten Kolonialisierungs- und Christianisierungswahn zum Opfer fielen, kämpften die Mapuche 100 Jahre lang (1541-1641) mit Mut, Verzweiflung und einfachsten Waffen gegen eine hochgerüstete spanische Übermacht. Krieger wie Toki Michimalongo, Lautaro und Caupolican wurden zu Volkshelden, weil sie mit ihrer Kriegslist gegen Kanonen und Gewehre siegten, worauf der spanische König Philipp II. einem bis heute gültigen Waffenstillstand zustimmte.

ABENTEUER WILDNIS: MIETEN SIE SICH EINE ENDURO ODER EIN ALLRAD-FAHRZEUG UND FAHREN SIE DIE 1350 KM LANGE SCHOTTERSTRASSE „CARRETERA AUSTRAL“ VON PUERTO MONTT BIS IN DAS KLEINE STÄDTCHEN VILLA O'HIGGINS. AUF DEM WEG LIEGT AUCH DAS PRIVATE NATURSCHUTZGEBIET „PUMALIN“. DARIN PFLANZT DER AMERIKANISCHE MILLIONÄR DOUGLAS TOMPKINS SEIT 1991 JÄHRLICH 300.000 HEIMISCHE BÄUME UND GEWÄCHSE. ÜBERNACHTUNGEN SIND ZWAR MÖGLICH, ABER OFT AUSGEBUCHT. RESERVIERUNGEN UNTER WWW.PUMALINPARK.ORG

MAPUCHE-LA

Wenn ihr mich als Hobbyhistoriker und leidenschaftlichen „Risiko"-Spieler fragt, hatte der alte Philipp gar keine andere Wahl. Denn die kritischen Stimmen im eigenen Land wurden damals immer lauter, weil er im Kampf gegen die Mapuche nachweislich über 80.000 Soldaten verlor, in den übrigen Kolonialisierungskämpfen aber lediglich 300. „Chile kostet mich die Blüte meines Adels", soll Philipp II. diese herbe Niederlage kommentiert haben.

Und so leben die Ureinwohner bis heute im Süden des Landes. Unbeeindruckt von Wohlstand und technologischem Fortschritt haben sie sich von nichts und niemandem aus ihren Häusern und Wäldern verjagen lassen. Auch nicht von den deutschen Einwanderern, die hier im 19. Jahrhundert heimisch wurden und mit köstlichen Leckereien lockten.

Konditoreien und Restaurants, die den Namen „Zum weißer Haus" (kein Druckfehler!) oder „Alpenveilchen" tragen, werben heute noch mit Schildern, auf denen „Kuchen", „Schokolade" oder „Bier" in altdeutscher Frakturschrift angeboten wird.

Mitten im Mapuche Land (mapu = Erde; che = Menschen) liegt das kleine Städtchen Pucon, schön gelegen zwischen einem herrlichen Badesee und einem Bilderbuchvulkan, der – und das hat er mit Jutta gemeinsam – einer der wenigen ist, der noch raucht.

Während der Rest der Busgesellschaft den Vulkan bestieg, entschieden wir uns für das nicht weniger anstrengende Rafting. Den nachfolgenden Muskelkater konnten wir durch nächtliches Baden in heißen Quellen verhindern, so dass wir am nächsten Abend ohne größere Gliederschmerzen ein traditionelles Folklorefestival in Valdivia (eine der ältesten Städte Chiles) besuchen konnten.

Nur gut, dass die Einwohner von Valdivia wieder unbekümmert feiern können. Die Stadt hält nämlich seit 1960 einen traurigen Weltrekord. Damals am 22. Mai war Valdivia das Epizentrum des bis heute stärksten Seebebens der Welt. Nach 9,5 auf der Richterskala überflutete ein Tsunami die Küste und forderte Tausende Opfer. Die Angst der Chilenen vor einem weiteren Seebeben ist deshalb latent spürbar. Denn überall an der Küste begegnet man gut ausgeschilderten Tsunami-Fluchtwegen.

JEDEN MONTAG VERLÄSST DIE NAVIMAG-FÄHRE DEN HAFEN VON PUERTO MONTT. ZIEL: DAS VIER TAGE ENTFERNTE PUERTO NATALES IM SÜDEN CHILES. WÄHREND DER FAHRT DURCH EINSAME FJORDE KOMMEN SIE DEM PAPST PIUS XI. SEHR NAHE. (PIO XI IST DER GRÖSSTE GLETSCHER DER SÜDHALBKUGEL UND WURDE NACH DEM BERGSTEIGENDEN PAPST BENANNT). NACHTEILE DER FAHRT: SCHMUDDELIGE KAJÜTEN UND MANGELHAFTES PREIS-LEISTUNGSVERHÄLTNIS.

ND

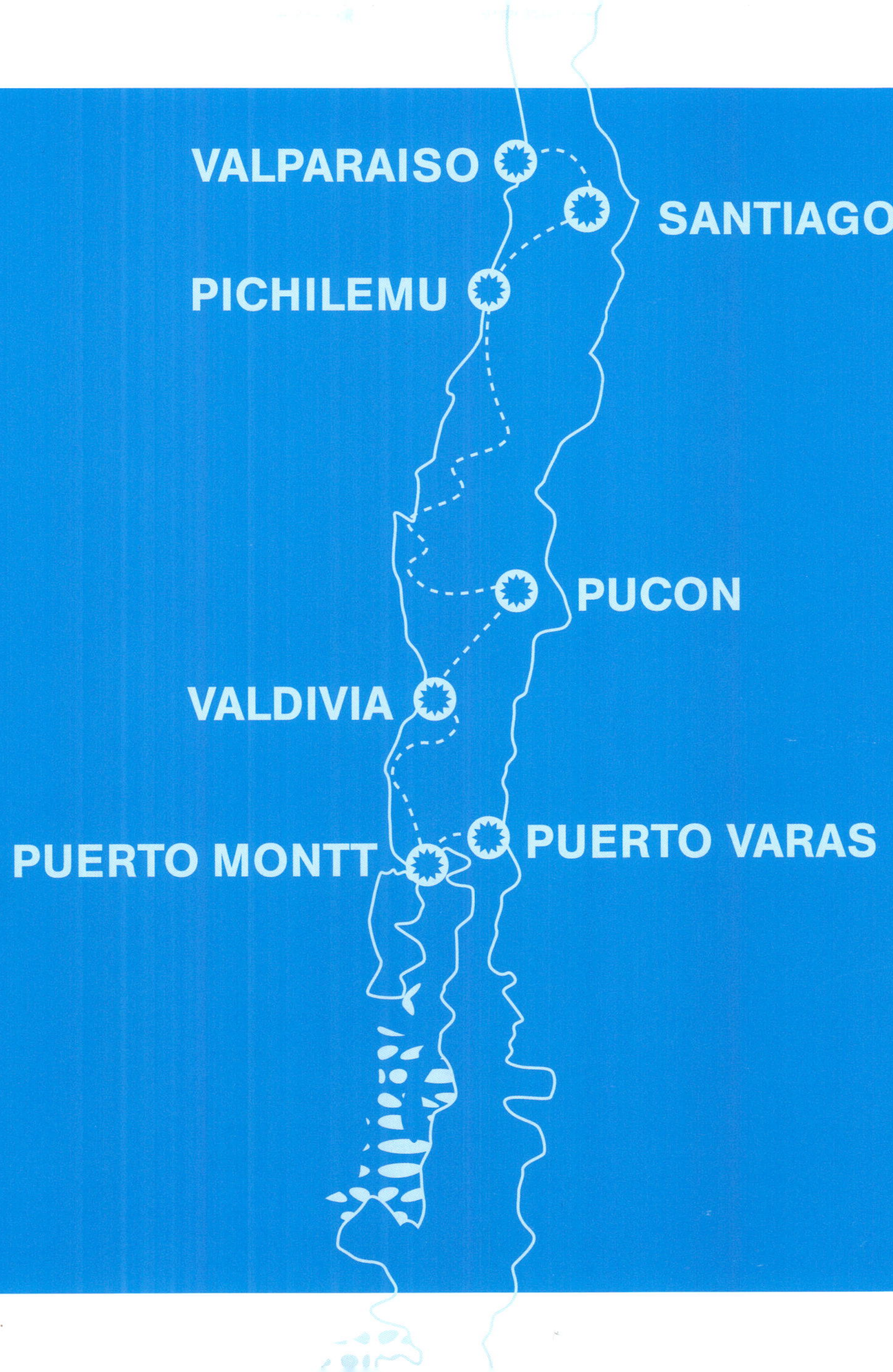
VALPARAISO
SANTIAGO
PICHILEMU
PUCON
VALDIVIA
PUERTO VARAS
PUERTO MONTT

AUCH FÜR UNGEÜBTE WANDERER IST DER 2.840 METER HOHE VULKAN VILLARRICA PROBLEMLOS ZU BEZWINGEN. VON PUCON AUS FÜHREN TÄGLICH TOUREN BIS HOCH ZUM KRATERRAND. INKLUSIVE DER GELIEHENEN AUSRÜSTUNG KOSTET DER VON PROFESSIONELLEN BERGSTEIGERN BEGLEITETE VIERSTÜNDIGE AUFSTIEG UMGERECHNET ETWA 65 €.

Buntes Tag- und Nachtleben. Pucon ist vor allem bei jungen Outdoor-Aktivisten sehr beliebt.

Die ersten Deutschen, die sich 1851 in Chile niederließen, kamen aus Hessen. Dann folgten Brandenburger und Schwaben. Und zuletzt Erich Honecker.

Willkommen im „weißer Haus", das rot angestrichen ist. In Puerto Varas bestellen wir neben „Kuchen" und „Strudel" auch Kunstmann, das „deutsche Bier vom Fass".

In Puerto Varas, einem sicher gelegenen Badeort am Fuße der Anden, hieß es für uns leider Abschied nehmen von Jorge, von Rebecca aus London, von Bradly aus Toronto, von Kirsten und Daniel aus Amsterdam und von der fünfköpfigen Franzosenfamilie, die mit drei Kindern und vier Rucksäcken wochenlang auf unkonventionelle Weise in Chile unterwegs waren.

Der Abschiedsabend hatte es mächtig in sich. Und obwohl wir erst kurz vor Sonnenaufgang ins Bett fielen, standen wir dennoch keine zwei Stunden später zum Abschiedswinken Spalier. Noch heute dreht sich mir alles, wenn ich an diese Kopfschmerz-Minuten zurück denke. Es brauchte einen weiteren Tag, um den Kater endlich loszuwerden. Erst am darauf folgenden Morgen waren wir wieder fähig, klar zu denken. Und klar zu sehen.

Doch so richtig trauten wir unseren Augen trotzdem nicht. Denn dass, was wir sahen, konnte einfach nicht wahr sein. Da lief ein junger Mann durch Puerto Varas und trug ein „Eintracht Frankfurt" T-Shirt mit Fraport-Aufdruck. Ich rief ihm zu: ‚Eintracht", worauf er sich sofort umdrehte und sang „Steht auf, wenn ihr ein Adler seid!" Ihr müsst euch vorstellen, dies alles geschah mitten auf dem Dorfplatz eines chilenischen Provinznestes. Ich meine, es hätte ja auch ein Bayern-, Schalke- oder ein anderer Schlappekicker-Fan sein können, aber nein, er trug UNSEREN Adler auf der Brust.

So kamen seit Monaten die ersten Heimatgefühle auf, die wir aber so schnell wie möglich wieder los werden wollten. Also flohen wir über die Anden. Hinüber nach Argentinien, in das Land der leckeren Rindersteaks, der staubigen Schotterstraßen und der vielen bunten Thermoskannen. Wir freuen uns drauf.

Jurob

Da wussten wir noch nicht, was uns erwartet. Robert (vorne links),
Jutta (zweite von rechts) und im Hintergrund der 2.840 Meter hohe Vulkan Villarrica.

Mit allen Wassern gewaschen:
Nach dem anstrengenden Rafting erholten wir uns
in den heißen Quellen „Los Pozones“.

{·1·2·3·}

KOMMT VOM LATEINISCHEN WORT ARGENTUM (SILBER) ·
HAUPTSTADT BUENOS AIRES · 40 MIO. EINWOHNER · 35 SECHSTAUSENDER ·
ACHTGRÖSSTES LAND DER ERDE · ALLEIN DIE PAMPA IST SO GROSS WIE FRANKREICH ·
GEBURTSLAND VON DIEGO MARADONA, CHE GUEVARA UND EVA PERON ·
SÜDLICHSTE STADT DER WELT IST USHUAIA ·

ARGENTI

La Ultima Esperanza. Für Magellan, der als erster Europäer 1520 hier vorbei segelte, war das Land um Puerto Natales (Chile) die „letzte Hoffnung“.

NIEN

Himmelblau, Weiß, Himmelblau. Und in der Mitte eine 16-flammige Sonne. General Belgrano wurde zur argentinischen Nationalflagge inspiriert, als er während einer Schlacht in den Himmel blickte.

Wir kennen sie nur als Kaffeewarmhalter in Kundenmeetings oder Büroküchen, aber hier in Südamerika geht man quasi ohne Thermoskanne nicht aus dem Haus. In Uruguay ist die Liebe zu den ihnen sogar so groß, dass die Regierung einschreiten musste. Sie erließ kürzlich ein Gesetz, dass „das Ausschenken aus Kannen während der Autofahrt" strikt untersagt. Kein Scherz, das hat uns ein besorgter Einwohner erzählt, der wie (fast) alle seine Landsleute solch ein Riesenzäpfchen unter dem Arm trug.

„THERMOSKANNEN STATT SIX-PACKS"

Selbst die Jugend verabredet sich abends nicht mit Six-Packs, wie es bei uns üblich wäre, sondern mit randvoll gefüllten Heißwasserspeichern. Ja sogar Frischverliebte packen zum Rendezvous diese Dinger aus. Wir haben Pärchen eng umschlungen zwischen zwei bunten Kunststoffflaschen hin und her wälzen sehen.

Warum das alles?

In den Thermoskannen bleibt heißes Wasser länger warm. Und eben jenes brauchen die Südamerikaner für ihren „Yerba Mate", einer Art Gewürzkräuter-Tee, den sie traditionell überall und jederzeit in Trinkbechern frisch aufbrühen und mittels spezieller Trinkhalme genüsslich süffeln. Die Gewürzmischungen sollen angeblich heilende Kräfte haben. Oder zumindest gewichtsreduzierende, weshalb auch wir ihn ausprobiert hatten. Ein einziges Mal, dann haben wir unser Diätprogramm doch lieber auf Frankfurt verschoben. Beides ist echt bitter.

Richtig süß ist stattdessen das Gebäck, das sie zum Mate-Tee essen. Ganz oben auf der Schlecker-Liste stehen neben unzähligen Marmelade-Plätzchen und Vanille-Stückchen die Medialunas (Croissant mit Zuckerguss) und die lecker gefüllten, oft noch ofenwarmen Teigtaschen, die sogenannten Empanadas.

Nicht gebacken kriege ich dagegen einen knapp formulierten Einstieg in unsere Reiseberichte. Selbst diesen letzten Unnerum-Newsletter hab ich wieder mit größerer Umschweife begonnen. Und das, obwohl ich mich in den lauten, inspirationslosen Räumen der Internetshops gar nicht gerne aufhalte. Und schon drei Mal nicht, wenn draußen unentwegt die Sonne scheint, was seit Ende Januar der Fall ist.

Sie schien natürlich auch, als wir von Chile aus die Anden überquerten. Auf argentinischer Seite nahm uns aber zunächst der Ferienort „San Carlos des Bariloche" in Empfang, eine Touristenanlaufstelle mit eigenem Flughafen, unzähligen Mittelklasse-Hotels und lebhafter Bummelmeile. Keine Frage, hier boomt der Tourismus.

Und das ist kein Zufall. Bariloche (die Stadt der Pralinen-, Schokoladen- und Feinkosthändler) lockt mit einem attraktiven und ganzjährlichen Freizeitangebot. Im Sommer kann man Baden, Radfahren und Bergsteigen, im Winter Skifahren und Snowboarden. Und weil die Stadt direkt am Nahuel Huapi liegt (ein See so groß wie der Bodensee) sind auch alle Arten von Wassersport möglich.

Um den See herum kommt man allerdings nur mit Mietwagen, die aber leider alle ausgebucht waren. Erst am dritten Tag bekamen wir einen knapp zwei Jahre alten, aber schon sehr klapprigen Fiat Uno, der uns trotzdem – das dürfen wir vorweg nehmen – sicher und zuverlässig über 300 Kilometer Schotterstraße brachte, wobei der Zustand dieser „Gravelroad" das Wort „Straße" nicht verdient.

Zunächst holperten wir – eine Staubwolke hinter uns herziehend – auf der „Ruta de los siete Lagos" (Straße der sieben Seen) nach Norden, in den von den Anden eingeschlossen Badeort San Martin de los Andes.

San Martin wurde offensichtlich von alpinen Einwanderern stark geprägt. Zu jeder vollen Stunde bimmeln Kirchenglocken, auf saftig grünen Weiden grasen die „besten Rindersteaks der Welt" und die massiven Holzhäuser sind oft mit Blumenkästen und bunten Fensterläden verziert. Zum perfekt bayerischen Idyll fehlt eigentlich nur noch eine Blaskapelle in Lederhosen und großbusige Damen im Dirndl, die das Bier in Maßkrügen servieren.

Auf dem Weg zurück in den Süden (Ruta 63) „durchritten" wir mit unserem Fiat Uno fabelhaftes, ja fast schon kitschiges Winnetou-Land. Karl May hätte seine größte Freude an diesen bizarren Felsformationen gehabt, die sich im klaren Wasser smaragdgrüner Seen widerspiegeln.

Nach einem Abstecher im Hippieort El Bolson (ein wenig anschauliches Künstlernest, das während der Aussteiger-Welle in den 70igern berühmt berüchtigt wurde), fuhren wir auf dem Rückweg nach Bariloche zufällig am Lagos Morenos vorbei und fanden an dessen Ufer eine urige Pension, die sehr einladend aussah und zudem eine warme Küche anbot.

LOS SIETE

Gleich nach Betreten der Gaststube verliebten wir uns in das alte Haus mit Seeblick. Als dann noch eine köstliche Regenbogenforelle auf unserem Teller landete, buchten wir spontan ein Zimmer für die kommende Nacht. In solchen Momenten ist es gut, dass wir selten eine Unterkunft im Voraus buchen. So sind und bleiben wir für Gelegenheiten wie diesen immer offen.

Die mächtige Forelle zwang uns schließlich zu einem Verdauungsspaziergang, also schlenderten wir gemächlich runter ans Ufer. Auf einem Holzsteg, der weit in den See hinaus führte, setzten wir uns vorne auf die letzten Planken und blinzelten in die tieferstehende Sonne. Unsere Füße baumelten über dem klaren, dunkelgrünen Wasser und wurden ab und an von einer Woge umspült.

Nur ein leises Plätschern von Wellen, die sich an den Bohlen brachen, war zu hören. Dazu wehte ein lauwarmes Lüftchen, das uns zärtlich über die Haut strich. Draußen auf dem See, kein Boot. Und in den dicht bewachsenen Wäldern drum herum, nur wenige Häuser. Unsere Gedanken waren frei und flogen ungehindert über goldglitzerndes Wasser. Erinnerungen tauchten auf und wieder unter. Stundenlang. Bis die Sonne immer roter wurde und schließlich hinter einem Berg verschwand.

Zugegeben, das liest sich im Nachhinein doch ziemlich kitschig, und ich frage mich gerade selbst, ob ich nicht doch ein, zwei Jahre zu lange für Kosmetikartikel und Damenlikör Werbung geschrieben habe.

LAGOS

DIE FLEISCHESLUST IST IN ARGENTINIEN ALLGEGENWÄRTIG. ES GIBT KAUM EIN RESTAURANT, DAS NICHT „ASADO“ (VERSCHIEDENE FLEISCHSORTEN VOM GRILL), „LOMO“ (LENDE) ODER „BIFE DE CHORIZO“ (RUMPSTEAK) ANBIETET. DAZU PASST HERVORRAGEND EIN „MALBEC“ (TROCKENER ROTWEIN) ODER EIN „QUILMES“ (LAGERBIER). GEHEIMTIPP: DAS „SAFTIGSTE RUMPSTEAK DER WELT“ ASSEN WIR IM „DOÑA QUELA“, EIN BEHAGLICHES RESTAURANT IN DER AVENIDA SAN MARTIN 1017, SAN MARTIN DE LOS ANDES.

Gemütliche Stube mit warmer Forelle.

Still ruht der See Moreno. Drüben auf der Halbinsel lockt das Luxushotel Llao Llao mit Golfplatz und SPA.

Gedenkstunden am 26. Februar. Hier hat nicht nur das Wasser reflektiert.

DIE LEGENDÄRE „ROUTA 40“ FÜHRT VOM ÄUSSERSTEN SÜDEN (RIO GALLEGOS) BIS IN DEN HOHEN NORDEN (LA QUIACA) IMMER AN DEN ANDEN ENTLANG. DA NUR ETWA DIE HÄLFTE DER INSGESAMT 5.000 KILOMETER GETEERT SIND, SOLLTEN SIE DIE STAUBIGE „LA CUARENTA“ AUSSCHLIESSLICH MIT EINEM GELÄNDEGÄNGIGEN FAHRZEUG BEFAHREN. GLEICHES GILT FÜR DIE „RUTA DE LOS SIETE LAGOS“ (RUTA 234), DIE VON BARILOCHE ÜBER LA ANGOSTURA NACH SAN MARTIN AN SIEBEN TIEFBLAUE SEEN VORBEI FÜHRT.

Am darauf folgenden Morgen flogen wir ins totale Kontrastprogramm, genauer: in die patagonische Wüste. Oder Pampa, wie die Argentinier diese dürre, trostlose Steppe im Süden ihres Landes nennen.

„El Calafate“ ist in dieser gottverlassenen Gegend weit und breit die einzige Stadt. Aber eine die wächst, weil der Tourismus wächst, weil der Gletscher wächst. Alle, die hier absteigen, haben nur ein Ziel: den 80 Kilometer entfernten Ausnahmegletscher Perito Moreno. Natürlich wollten auch wir ihn sehen. Aber bitte in aller Ruhe und ohne Massentourismus-Programm.

„VIEL HICK HACK FÜR EINEN GLETSCHERBESUCH“

Um jedoch vor dem täglichen Touristenansturm dort einzutreffen, müssen wir sehr früh aufstehen und losfahren. Blieb nur die Frage, mit was? Taxi oder Mietwagen? Erste Variante fiel aus Budgetgründen flach, also fragten wir nach einem Mietwagen. Es war aber keiner mehr frei. Erst vier Tage später war einer zu haben, den wir ohne zu zögern sofort reservierten. Offen gestanden: Es war ein bisschen viel Hick Hack für einen Gletscherbesuch. Aber es sollte sich im Nachhinein noch lohnen.

Die Wartezeit verkürzten wir mit einer Busfahrt ins noch kühlere Puerto Natales. Dieser kleine, chilenische und von Wellblechhütten dominierende Fischerort liegt am eiskalten Arsch der Welt. Aber es hat uns trotz latenter Trostlosigkeit sehr gut getan. Allein das düstere Wetter trug zu einer wohlfühlenden Entschleunigung bei. Wir lagen bei fehlender Doppelverglasung warm eingepackt im Bett, gingen zur Abwechslung mal am Hafen spazieren, aßen in einer gemütlichen Trattoria eine sehr leckere Pizza und fielen schnell wieder zurück ins Bett.

Einsame Klasse: Das südliche Patagonien.

Herausragend: Die Granitfelsen „Torres (Türme) del Paine“ sind zwischen 2.600 und 2.850 Meter hoch.

Bei einer Flügel-Spannweite von 3,20 Meter und einer Flughöhe von bis zu 7.000 Metern ist der seltene Andenkondor ein beliebtes Fotomotiv.

Und so sieht es aus, wenn der Andenkondor aus seinem Nest gefallen ist.

Der „Lago Pehoe" vor den Cuernos im Nationalpark „Torres del Paine".

TORR

Am dritten Tag aber war alles anders. Unser Wecker klingelte, obwohl es draußen noch stockfinster war. Wenig später stiegen wir in einen Kleinbus, der uns in den berühmten Nationalpark „Torres del Peine“ bringen sollte. Mit uns und sechs anderen gähnenden Fahrgästen stand auch die Sonne an diesem Tag auf, was alle völlig überraschte. Denn mit diesem unerwarteten Wetterwechsel hatte nun wirklich keiner gerechnet, selbst die einheimische Reiseleiterin nicht.

Sie beglückwünschte uns sehr überschwänglich zu diesem Traumwetter, das hier – wie sie betonte - „höchstens 20 Tage im Jahr“ üblich wäre. Schon wieder fühlten wir uns wie sonntagsgeborene Glückskinder. Hätten wir diesen Ausflug nur einen Tag früher oder später gebucht, hätten wir uns wahrscheinlich im dichten Nebel verlaufen.

Torres del Paine. Die Sonne schien. Das Wetter hielt. Die Frisur auch. Den ganzen Tag lang knipsten wir uns die Finger wund. Alle Fotos von den monumentalen Felsformationen, Wasserfällen und Gletschern haben mindestens Postkartenqualität und wir denken schon ernsthaft darüber nach, später einen Hochglanz-Bildband herauszugeben.

Dieses unerwartete Spätsommer-Hoch reiste mit uns am nächsten Tag zurück nach El Calafate, wo es sich trotz Müdigkeit direkt auf unser Gemüt auswirkte. Breit grinsend fuhren wir um sechs Uhr morgens in unserem Mietwagen zum Perito Moreno. Ein Novum, denn in dieser Herrgottsfrüh hatte es noch nie ein Glückshormon geschafft, bis zu unseren Mundwinkeln vorzudringen.

ES DEL PAINE

Selbst auf dem Rücksitz war die Laune gut. Dort saß Britta, die wir während einer filmreifen Buspanne kennen lernten und zum Frühaufstehen überredeten. Geboren im Vorhof von Pforzheim, zog Britta schon mit 20 Jahren – wer will es ihr verdenken – nach L.A., um dort als Klatschjournalistin Stars wie Brad Pitt zu interviewen. Leider musste sie auch mediengeile B- und C-Prominente befragen, wovon sie sich nun auf ihrer einjährigen Reise erholen will.

Statt vor kühl wirkenden Filmdiven stand sie an diesem Morgen vor einer 60 Meter hohen Eiswand und war sprachlos. Der „weiße Riese" wächst in einen See, in den alle paar Minuten kalbende Eisschollen mit ohrenbetäubendem Getöse abrutschen, wodurch jedesmal eine kleine Flutwelle entsteht und die umliegenden Ufer überspült. Es ist ein fantastisches Naturschauspiel sondergleichen.

Auch die Zeit zwischen den Rutschungen ist super spannend. Man hört deutlich das Eis reiben, knistern, knacken. Und wenn im Gletscherinnern einer der riesigen Kristalle bricht, knallt und schallt es hier und da, wie einzelne Feuerwerkskörper, die am Silvesterabend zu früh abgefeuert werden.

So saßen wir stundenlang vor einer weiß-blauen Kulisse und es war keine Minute langweilig. Nur schweinekalt, was uns händereibend hoch ins Café trieb, während die ersten Touristen laut quasselnd unten ankamen. Sie werden – geschwätzig wie sie sind – nicht das hören, was wir hörten, davon sind wir überzeugt.

Abends in El Calafate liefen wir durch Zufall den beiden Portugiesen Rita und Luis über den Weg. Wie klein doch die Welt ist. Tags zuvor erkundeten wir noch gemeinsam den „Torres del Paine" und – zack – trifft man sich 360 Kilometer entfernt in einer engen Seitenstraße wieder. Als dann noch Britta und der Schweizer Christian (der sich ebenfalls auf Weltreise befand) zufällig auf uns stießen, war es ein bisschen wie zuhause, wo man dann und wann unverhofft auf Freunde trifft.

Wir gingen zusammen in ein Restaurant, genossen Wein und Asado, hörten die unterschiedlichsten Lebensgeschichten und tauschten Erfahrungen aus. Doch plötzlich ist der letzte Schluck getrunken und man steht draußen auf der Straße, um sich zu verabschieden.

Küsschen links, Küsschen rechts. Ob wir uns wie versprochen in drei Wochen in Buenos Aires wieder sehen, bleibt abzuwarten. Britta und Christian wollen zuvor nach Chile. Rita und Luis wollen nach Mendoza. Und wir wollen an die brasilianische Grenze. So sternförmig wir morgen El Calafate verlassen werden, so sternförmig machten wir uns in dieser Nacht auf den Nachhauseweg.

Der argentinische Inlandsflug ins subtropisch heiße Iguazu war so kurzweilig, dass wir vergaßen, unsere warmen Klamotten auszuziehen. Nach der Landung rissen wir schweißgebadet unsere Koffer vom Band und tauschten flux Jeans gegen Shorts und Turnschuhe gegen Flip Flops. In diesem luftigen Outfit sollte die Zimmersuche etwas erträglicher werden.

DURCH DEN NATIONALPARK „TORRES DEL PAINE" ZIEHEN SICH WANDERROUTEN IN UNTERSCHIEDLICHEN SCHWIERIGKEITSSTUFEN. DIE POPULÄRSTE TOUR IST DIE SOGENANNTE „W"-STRECKE, FÜR DIE SIE 4 BIS 5 TAGE EINPLANEN SOLLTEN. SIE FÜHRT AN ALLEN HIGHLIGHTS VORBEI UND BIETET ÜBERNACHTUNGSMÖGLICHKEITEN AUF CAMPINGPLÄTZEN ODER IN RUSTIKALEN HÜTTEN. DER PARK WIRD VON BUSSEN AUS PUERTO NATALES ANGEFAHREN.

Wirklich passiert: Reifenpanne im Nirgendwo. Nach dieser willkommenen Raucherpause sammelte Jutta pflichtbewusst alle Stummel ein und gab sie dem Busfahrer für dessen Mülleimer. Der verstand die Aktion jedoch nicht, leierte das Fenster runter und warf die Kippen zurück auf die Straße.

Im Hafen rosten die Fischerboote und in den Straßen rosten die Wellblechhütten. In Puerto Natales ist das ganze Jahr November.

HÖREN UND ERLEBEN SIE DEN AUSNAHMEGLETSCHER PERITO MORENO UNBEDINGT VOR DEM TÄGLICHEN TOURISTENANSTURM. MIETEN SIE SICH IN EL CALAFATE EINEN WAGEN ODER TEILEN SIE SICH DIE KOSTEN FÜR EIN TAXI, ES LOHNT SICH IN JEDEM FALL. DENN WER VOR 8 UHR MORGENS ANREIST, SPART DAS EINTRITTSGELD. WARME KLEIDUNG UND SONNENBRILLE SIND UNERLÄSSLICH. EBENSO SEHENSWERT: DER FITZ ROY GLETSCHER BEI EL CHALTÉN.

Ständig brechen hochhaushohe Eisblöcke von der 60 Meter hohen Gletscherfront und rutschen mit ohrenbetäubendem Getöse in den „Lago Argentino".

Es knackt und rauscht wie eine leere Radiowelle.

Kühle Fakten: Der Perito Moreno, nach dem Geologen und „Sachverständiger" (Perito) Francisco Moreno benannt, ist 60 Kilometer lang, etwa fünf Kilometer breit und wandert täglich einen Meter.

Hubschrauber-Perspektive auf die „größte Waschmaschine der Welt“. (O-Ton Jutta)

Die Iguazu-Wasserfälle sind die größten der Welt. Rund um einen 2.700 Kilometer langen Canyon stürzt sich Wasser in die Tiefe. Wir haben die Fälle nicht gezählt, aber dem donnernden Getöse zufolge, müssen es Hunderte sein, die da den Berg hinab rauschen.

Die Argentinier wussten diese Attraktion touristisch gut zu nutzen und bauten in ihrem „Aqua-Park“ Stege und Brücken bis zur Wasserabsturzkante. Auf diese Weise kommt man den Kaskaden ziemlich nahe, was je nach Windrichtung, auch mal zu einer unfreiwilligen Dusche führen kann.

„Man sollte die Fälle auf alle Fälle von mehreren Seiten betrachten“, dachten wir uns am nächsten Morgen und fuhren im Stadtbus über die Grenze nach Brasilien. Iguazu liegt – für alle, die gerne mit dem Finger über den Atlas fahren – in einem Drei-Länder-Eck. Neben Argentinien und Brasilien fließt das „große Wasser“ (Iguazu in der Sprache der Guarani-Indianer) auch durch Paraguay.

„MAMA ZOG MICH AUS DEM FLIEWATÜÜT“

In Brasilien angekommen, wählten wir den direktesten Weg zum „Garganta del Diablo“ („Teufelsschlund“), den Luftweg. Helikopter fliegen war schon immer mein Traum. Und wenn ich mich recht erinnere, wollte ich früher auch mal Hubschrauberpilot werden. Doch dann hielt das Kinderkarussell wieder an und Mama zog mich aus dem „Fliewatüüt“.

Nein ernsthaft, in Echt ist alles anderes. Wenn der Pilot beispielsweise den Steuerknüppel nach vorne drückt, dudelt keine doofe Kirmes-Melodie. Außerdem ist alles viel windiger. Und lauter. Wir mussten uns beim Einsteigen anbrüllen, um uns zu verstehen. Nachdem aber die Türen schlossen, wurde es drinnen überraschend ruhig. Und der Flug war so sanft, dass die Fotos kein bisschen verwackelten.

Eben noch in der Luft, saßen wir am nächsten Abend schon wieder auf der Straße, will sagen: in einem First-Class-Overnight-Bus, der uns über Nacht sicher nach Uruguay bringen sollte. Zum Abendessen servierte uns ein aufmerksamer Stewart erst Whisky, dann Vor-, Haupt- und Nachspeise. Der Service war perfekt. Und die Ausstattung erstklassig. Jeder Sitz war zugleich Fernsehsessel und Bett. Am platzeigenen Monitor konnten wir CDs hören, Computerspiele spielen oder aktuelle Filme sehen.

„Arme Niagarafälle“, sagte Präsident Roosevelts Frau Eleanor beim Blick hinab in den Teufelsschlund.

Berauscht die Sinne: Auf einer Breite von 2.700 Metern stürzt sich Wasser bis zu 90 Meter in die Tiefe.

275 Wasserfälle machen nass und sprachlos.

{·1·2·3·}

SO GROSS WIE ÖSTERREICH UND UNGARN ZUSAMMEN · 3,4 MIO. EINWOHNER ·
HAUPTSTADT MONTEVIDEO („MONTE VIDE EU = EINEN BERG SAH ICH“) ·
2 X FUSSBALL-WELTMEISTER (1930, 1950) · 2 X FUSSBALL-OLYMPIASIEGER (1924, 1928) ·
DUELLIEREN IST VERBOTEN, ES SEI DENN, MAN IST BLUTSPENDER ·

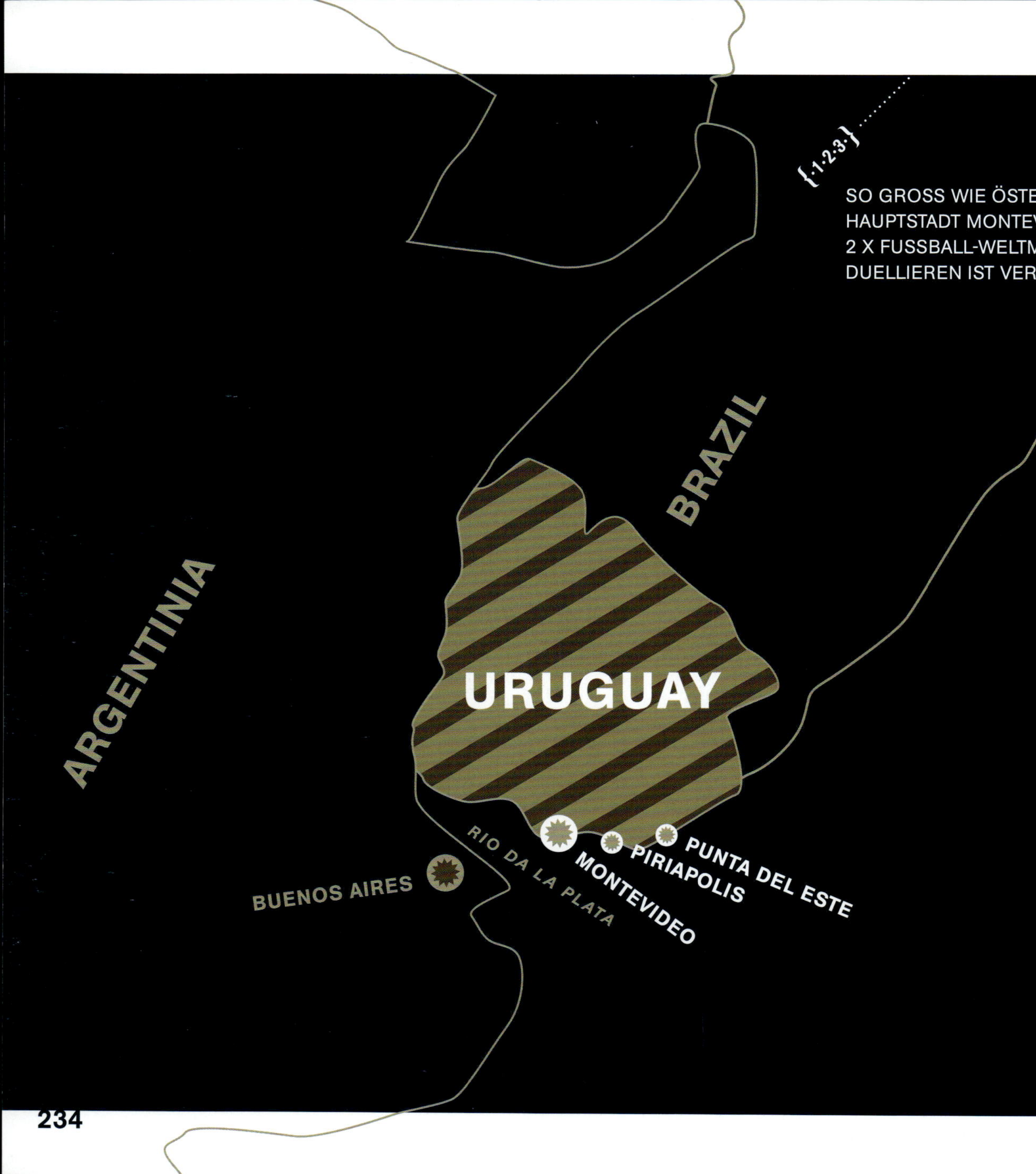

URU

Glück ist Sonnenschein auf der Hoteltapete. Und ein kühles Bier auf dem Balkongeländer.

GUAY

Raubtierfütterung mit Sushi im Hafen von „Punta del Este“.

Irgendwann schlummerten wir Seite an Seite ein und wurden erst wieder vom Duft eines frischgebrühten Kaffees geweckt. Nachdem wir die Vorhänge aufzogen, blinzelte uns die Sonne ins Gesicht. Sie hing nur knapp über dem Meereshorizont und lies die Wasseroberfläche silbern schimmern. „Ostküste“ dachten wir laut und freuten uns nicht nur das Frühstück. Ei guuude wie, Uruguay, die Hesse komme!

Etwa eine Stunde östlich von Montevideo fanden wir genau das, was wir suchten. Ein Dorf, ruhig gelegen und beinahe menschenleer. Zum Glück, denn noch vor wenigen Wochen – so erzählt man uns – war hier alles ausgebucht. Piriapolis liegt direkt vor der Haustür von Buenos Aires und ist in den Sommerferien ein bevorzugter Badeort für Argentinier.

„TAUBENSCHISS AUF DEM MARKUSPLATZ“

Unser kleines Hotel lag direkt am Beach, an dem wir täglich Sonnencreme, Strandstühle und Bücher auspackten. Nur zum Verständnis: Wir wollten Uruguay nicht aktiv bereisen. 14 Tage Erholung von der langen Reise war unser eigentliches Ziel und nur deshalb sind wir hier. Also ließen wir den lieben Gott einen guten Mann sein und bewegten uns nur wenig.

Aber so ganz ohne Entdeckungsreise hielten wir es dann doch nicht aus. Die berühmten Hummeln unter den vier Buchstaben zwangen uns förmlich zu einem Ausflug nach „Punta del Este“, dem Vorzeige-Badeort Uruguays, an dem angeblich die High Society Südamerikas regelmäßig ihre dicken Bäuche in die Sonne hält. Doch das einzig Fette, was sich hier regte, waren zwei Seelöwen, die sich von einem Fischer im Hafen mit Fischköpfen (sind Hamburger unter den Lesern?) füttern ließen.

Sucht man Uruguay auf der Weltkarte, muss man schon etwas genauer hinsehen. Eingequetscht zwischen Argentinien und Brasilien klebt das Land wie Taubenschiss auf dem Markusplatz. Dabei ist es gar nicht so klein und unscheinbar wie man denkt, immerhin ist es doppelt so groß wie Österreich und war schon zweimal Fußballweltmeister.

EIN HUNDELEBEN

„Sitz!“ Die braven Hunde von Piriapolis verstehen sogar Deutsch.

BUENOS

Ich hab mich oft gefragt, wie dieses kleine Land zweimal Weltmeister werden konnte. Jetzt nicht mehr. Denn es hat so viele ebenmäßige Feld- und Wiesenflächen, dass man überall problemlos Spielfelder einzeichnen könnte. Uruguay ist ein einziger Bolzplatz. Hügel, Berge und Wälder sucht man vergeblich. Stattdessen begegnet man unzähligen Rindern und Pferden, die vor einladenden Haciendas grasen, auf dessen Verandas Gauchos sitzen und Yeba-Mate-Tee schlürfen.

Ein friedliches Landleben, von dem wir nach einer Stunde Fährfahrt über den breiten Rio Plate leider nichts mehr spüren werden. Denn drüben am anderen Ufer liegt die 13 Millionen-Metropole Buenos Aires, das Paradies für Damen.

Schuhe, Kleider, Handtaschen, Schmuck und Schminke – alles wird hier in Massen auf kilometerlangen Einkaufsstraßen angeboten. Wir Männer haben keinen blassen Schimmer, wie viele verschiedene Formen, Farben, Henkel, Nieten und Größen eine Handtasche haben kann! Frauen dagegen liegt dieses Wissen quasi im Blut. Vermutlich hielten sie schon als Baby den rosa Schnuller neben die weißen Windeln, um zu prüfen, ob sie farblich zusammen passen.

Dieses zwanghafte Verhalten zieht sich praktisch durch ihr ganzes Leben. Nach jedem Schuh- oder Handtaschenkauf werden sie so lange den passenden Accessoires suchen, bis sie sie gefunden haben. Und dabei entgeht ihnen kein einziger Rabattaufkleber.

„JETZT REDUZIERT" sind verführerische Teufelsworte, denen Frauen wehrlos ausgeliefert sind. Eva greift nicht mehr nach dem Apfel, sie greift nach Sonderangeboten. Und wechselt dafür wie hypnotisiert die Straßenseite: „Guck mal Schatz, dort drüben die schwarzen Schuhe, 50 Prozent reduziert, da muss ich ..."

BREMS ... QUITSCH ... HUUP ... FLUCH ... UND NOCHMAL HUUP!

Bei den bis zu 26-spurigen Straßen, die sich durch Buenos Aires schlängeln, kann eine Schnäppchenjagd schon mal tödlich enden. Mit je dreizehn Spuren in eine Richtung ist die „Avenida de 9th Julio" wohl eine der breitesten Straße der Welt. Und wer sie überqueren will, muss auch schon mal – ähnlich wie beim Tango tanzen – die Beine in die Hand nehmen. Wer weiß, vielleicht wurde gerade hier der berühmte Sänger und Tango-Komponist Carlos Gardel von den über die Straße hopsenden Menschen inspiriert.

AIRES

RIO DE LA PLATA
AEROPARQUE
JORGE NEWBERRY
BELGRANO
PALERMO
RECOLETA
RETIRO
BUENOS AIRES
CITY
PLAZA DE MAYO
KONGRESS
PUERTO
MADERO
SAN TELMO
CABALLITO
BOCA JUNIORS
LA BOCA
VILLA LUGANO

Zapfenstreich bei Sonnenaufgang.

V.l.n.r. Robert, Jutta, Rita und Luis nach einer Galavorstellung bei Señor Tango

Die Porteños, wie sich die Einwohner von Buenos Aires selbst bezeichnen, sind richtig versessen auf Tango. Immer und überall, selbst in den kleinsten Gassen liegen Tangoklänge in der Luft. Getanzt wird in sogenannten Milongas, auf öffentlichen Tanzflächen oder bei „Señor Tango“, einer Art Tanzpalast mit Showbühne in der Mitte und Logenplätzen drum herum.

Wir durften an einer dieser Show teilhaben. Dank Rita und Luis, die wir hier wieder trafen und die diesen unvergesslichen Abend für uns organisiert haben. Alles war hervorragend. Die Stimmung, die Tänzer und Tänzerinnen und die Musikanten, die mit ihren leidenschaftlich gespielten Geigen und Akkordeons die berühmte Melancholie in den Tango quetschten.

Selbst das 12-köpfige Herrenorchester, das in der Summe bestimmt 1.000 Jahre auf die Bühne brachte, spielte so sehr mit jugendlicher Hingabe, dass der Saal pubertierend tobte. Zur Krönung der Show wurde in Erinnerung an Evita Peron, die im Land immer noch sehr verehrt wird, die heimliche Nationalhymne „Dont cry for me, Argentinia“ von zwei Damen mit kräftigem Organ gesungen. Es war das Gänsehautfinale der Show und der Auftakt einer langen, argentinischen Nacht.

Bevor 1870 das Gelbfieber ausbrach, war San Telmo das reichste Viertel der Stadt.

Ein Stück Geschichte: Das Künstlercafé „Tortoni“ in der Avenue de Mayo 825 wurde 1858 eröffnet und hat sich bis heute kaum verändert.

Ein Argentinier isst im Jahr rund 60 Kilogramm Fleisch. Kunststück, bei diesen riesigen Portionen.

Sie endete erst gegen halb sechs morgens in einem vollbesetzten Biergarten. Wir mussten kurz an die „Ab-23-Uhr-draußen-sitzen-verboten“-Regel in Deutschland denken, wischten uns die Tränen aus den Augen und tranken ein letztes Bier auf Argentinien, dem liberalen Land, in dem man sich erst als Mensch und dann als Bürger fühlt.

Es gibt zwar eine gesetzlich festgelegte Schließzeit um fünf Uhr morgens, aber kein Gastwirt hält sich dran. Falls aber trotzdem mal einer doof kommt, wissen sich die Wirte, schlau wie sie sind, schnell zu helfen. Sie bitten eine Minute vor Fünf alle Gäste vor die Tür, lassen den Rollladen runter, warten eine Minute und öffnen wieder. Denn es gibt, wie uns ein Kneipenbesitzer schmunzelnd erzählt, keine gesetzlich vorgeschriebene Öffnungszeit. So clever nutzt man eine Lücke im Gesetz.

EINE (FAST) PERFEKTE NACHT IN BUENOS AIRES. AB 18:30 UHR: ESSEN IN EINEM DER 60 HAFEN-RESTAURANTS IN PUERTO MADERO. 20 UHR: GALAABEND BEI SENOR TANGO IN LA BOCA (KARTEN VORRESERVIEREN!). 23 UHR: BESUCH EINER MODERNEN, EXZENTRISCHEN BAR/DISCO IM STADTTEIL PALERMO. AB 02 UHR ODER SPÄTER: AUSKLANG IN PUBS ODER IM NOCH OFFENEN BIERGARTEN AM PLAZA DORRADO, SAN TELMO.

EIN (FAST) PERFEKTER SONNTAG IN BUENOS AIRES. MORGENS: NACH EINEM DESAYUNO MIT LECKEREN MEDIA LUNAS GEMÜTLICHES BUMMELN ÜBER DEN TRÖDEL- UND ANTIQUITÄTENMARKT AUF DER AVENIDA DEFENSA IN SAN TELMO. AB 14 UHR: BESUCH EINES FUSSBALLSPIELS DER BOCA JUNIORS (KARTEN VORRESERVIEREN). ABENDS: ESSEN EINES RIESENSTEAKS IM RESTAURANT „LA CABRERA" IN DER AV. CABRERA 5127 IN PALERMO.

Ein ganz anderes Gesetz schreibt das Sonntagsprogramm vor. Nach dem Kirchgang geht man direkt ins Stadion um dort elf weiteren Göttern (Stammspieler), acht Halbgöttern (Reservespieler) und einem Propheten (Trainer) zu huldigen. Der Verein (das solltet ihr wissen, bevor ihr in der Stadt lauthals Kritik übt) bleibt absolut unantastbar. Verliert das Team, wünscht man Gegner und Schiedsrichter zur Hölle. Gewinnt es, werden Kicker und Trainer bis zum nächsten Spiel heilig gesprochen.

Die Herzen der Hauptstädter schlagen entweder für „Boca Juniors" oder „River Plate", den beiden größten und erfolgreichsten Clubs der Stadt. Zwischen beiden Teams herrscht – um es mal harmlos auszudrücken – große Rivalität. Die Fans hassen sich so sehr, dass es bei jedem Aufeinandertreffen Verletzte manchmal aber auch Todesopfer gibt.

Die Feinseligkeit liegt schon im Blut. „Boca" ist der Arbeiterclub (etwa vergleichbar mit Schalke 04) und „River Plate" der wohlhabende Dandyclub (vergleichbar mit Bayern München). Der Vollständigkeit halber möchte ich mindestens drei weitere erfolgreiche Erst-Liga-Clubs der Stadt nennen: „Racing", „Indepencia" und „San Lorenzo".

Tango im Blut, Fußball im Herzen. Buenos Aires ist die Stadt der großen Leidenschaften.

Gut aufgelegt: Marschmusik auf dem sonntäglichen Trödelmarkt in San Telmo.

Schrille Farben und schriller Klingelton. Telefone aus den 70ern.

Das Stadion der „Boca Juniors" wird von den Fans liebevoll „La Bombonera" (Pralinenschachtel) genannt. Irgendwo links im Bild sitzt Diego Maradona auf der Ehrentribüne. Viele Argentinier nennen ihn bis heute „D10S" (gesprochen: Dios = Gott).

Ein Muss für jeden ehemaligen E-Jugend-Kicker ist natürlich der Besuch im Stadion des berühmten Maradona-Clubs „Boca-Junior". Der Verein ist – man glaubt es kaum – sogar der erste Fußballklub der Welt mit eigenem Friedhof, auf dem nur eingefleischte Fans und ehemalige Spieler begraben werden. Wer Glück hat, bekommt noch Karten.

Natürlich für ein Spiel, nicht für den Friedhof.

Jutta und ich, wir hatten dieses Glück und durften live dabei sein. In der ersten Halbzeit sahen wir ein technisch perfekt spielendes Boca-Team. Die schnellen Spielzüge waren herrlich anzusehen und manche Pässe waren einfach nur zum Zunge schnalzen. Das 2:0 war hochverdient. Fußballerisch wären sie der Eintracht aus Frankfurt natürlich weit überlegen, aber feiertechnisch und stimmungsmäßig könnte die Eintrachtkurve locker mithalten.

Der Friedhof in „Recoleta“ ist eine Pilgerstätte für Eva Peron-Verehrer. Wenn Sie in einer kleinen Seitengasse viele Touristen drängeln sehen, haben Sie ihr Grab gefunden.

Argentinier ehren ihre Helden an ihrem Todestag, nicht an ihrem Geburtstag.

Die Erschaffung der Eva.
Frei nach Michelangelo.

Gewonnen hat Buenos Aires aber auf jeden Fall schon mal zwei neue Freunde. Wir lieben diese Stadt und kommen gerne wieder nach San Telmo, einem alten Viertel mit vielen kleinen gemütlichen Restaurants, Antiquitätenläden und Trödelmärkten.

Natürlich haben wir auch andere Stadtteile besucht, Palermo zum Beispiel, das mit seinen schicken Designershops und den vielen italienischen Restaurants ein ebenfalls angenehmes Flair verbreitet. Auch Recoleta und dessen historischen Friedhof haben wir bestaunt. Schon verrückt, statt Gräber stehen dort ausschließlich aufwendig verzierte Kapellen und Denkmäler. Architektonisch absolut sehenswert.

Buenos Aires bedeutet übrigens „guter Wind" und nicht „schöne Eier", wie man vor allem in der Osterzeit gerne glauben möchte. Den Wind gibt es tatsächlich. Und er weht nicht nur angenehm in unsere Gesichter, sondern bläst auch ständig den Smog aus der Stadt, so dass man hier trotz übermäßigem Verkehr relativ gut atmen kann.

Bei aller Begeisterung für die Stadt wollen und können wir unsere Augen nicht vor der vorhandenen Armut schließen. Geht auch schlecht, denn sie ist überall sichtbar, vor allem nachts, wenn in den Straßen der Abfall von Tausenden „Cartoneros" durchwühlt wird. Die Armen suchen darin nach wieder verwertbaren Rohstoffen wie Papier, Plastik oder Glas. Auf ihren selbst gezimmerten Schubkarren und Leiterwagen schieben sie die Funde schließlich zu einer Sammel- oder Recyclingstelle, wo sie für den Müll nach Kilo bezahlt werden.

Natürlich lassen sie – wer will es ihnen verdenken – die durchwühlten Müllbeutel offen liegen, wodurch der Abfall zu einem gefundenen Fressen für Hunde, Mäuse und sonstiges Ungeziefer wird. Mülltonnen könnten das Problem beheben. Dafür aber haben die Stadt und die frisch gewählte Präsidentin Christina Kirchner keinen Peso übrig. Argentinien muss sich erst vom Währungscrash 2002 erholen, was wohl noch einige Jahre dauern wird.

Das Kongressgebäude an der Avenida de Mayo.

Buenos Aires ist das „Paris der Südhalbkugel“.

EIN (FAST) PERFEKTER WOCHENTAG IN BUENOS AIRES. MORGENS: SPAZIERGANG VOM PLAZA DE MAYO BIS ZUM PLAZA CONGRESSO. ZWISCHENSTOPP IM 150 JAHRE ALTEN BELLE-EPOQUE-CAFÈ TORTONI (HAUSNUMMER 825). MITTAGS: BESUCH DES TEATRO COLÓN UND DES HISTORISCHEN FRIEDHOFS IN RECOLETA MIT ANSCHLIESSENDEM SPAZIERGANG IM STADTPARK „3. FEBRUAR" (U-BAHN PLAZA ITALIA). NACHMITTAGS: SHOPPING AUF DER AVENIDA SANTA FE.

Hach, wenn unsere Reise nur noch länger dauern würde. Leider müssen wir (von wollen kann wirklich keine Rede sein) Ende dieser Woche zurück nach Deutschland, zurück ins Schmuddelwetter, zurück zur Arbeit. Viel lieber würden wir eine weitere Runde drehen. Midderum, sozusagen. Jammern hilft aber bekanntlich nicht. Stattdessen wollen wir fleißig „Danke", „Xièxie", „Matur Suksema", „Thank you", „Faafetai lava" und „Muchas gracias" sagen.

Allen voran dem lieben Gott oder wer auch immer bei der Schaffung dieses wunderbaren Planeten die Finger im Spiel hatte. Auch unseren Schutzengeln möchten wir danken. Sie haben uns sehr aufmerksam und gewissenhaft begleitet. Ausdrücklich loben möchten wir Petrus, der uns 170 Tage lang mit Sonnenschein und sommerlichen Temperaturen verwöhnte. Vor allem dann, wenn es darauf ankam.

Selbstverständlich danken wir auch unseren Eltern, Geschwistern, Neffen und – man glaubt es kaum – Juttas 97-jähriger Oma Maria dafür, dass sie während des letzten halben Jahres gesund und munter geblieben sind. So konnten wir immer guten Gewissens weiterreisen.

Und „last but not least" danken wir unserem Freund Theo alias Thomas Aulbach, der sich stets zuverlässig und verantwortungsvoll um unseren vollen Briefkasten, um unseren launigen Oldtimer, um unseren Hoffnungsträger Lottoschein und um die Vermietung unserer Wohnung kümmerte. Vielen Dank Theo, für Deine unverzichtbare Hilfe, ohne die wir diese Reise wohl niemals unbekümmert hätten antreten können! Dicken Kuss auch an Deinen Wasserspatz Heike, die auf Dich während oben genannter Erledigungen leider verzichten musste.

DIESE WELTREISE WAR DIE BESTE IDEE, DIE WIR JEMALS HATTEN.

Dat war's. Unnerum ist rum. Der deutsche Winter wurde überlistet. Kommenden Samstag landen wir im Frühling. Mit vollen Koffern und Erinnerungen, die wir niemals vergessen werden.

Jurob

VORBEREITUNG EINER WELTREISE

AUSZEIT NEHMEN ODER KÜNDIGEN?

Der erste Schritt ist der schwierigste! Wer auf Weltreise gehen will, muss eine berufliche Entscheidung treffen. Erzählen Sie Ihrem Chef von Ihrem Traum und fragen Sie ihn nach den Möglichkeiten einer unbezahlten Auszeit (Arbeitszeitkonten, Urlaubssemester oder Sabbatical). Sagt er zu allem nein, kündigen Sie den Job. In den seltensten Fällen hat diese Entscheidung heute noch einen Karriereknick zur Folge. Im Gegenteil: Eine Weltreise zeugt von Mut, Organisationstalent, Belastbarkeit, Willensstärke und Durchsetzungsvermögen und wird bei künftigen Vorstellungsgesprächen garantiert auf großes Interesse stoßen.

W WIE WEG – ABER WIE LANGE?

Aus unserer Sicht sind sechs bis neun Monate für eine Weltumrundung ideal. Kürzer bedeutet: Stress, Frust (wegen zu frühen Abreisen) und höhere Kosten (Vermieten der Wohnung wird schwieriger). Länger bedeutet: Gefahr der „Moving Sickness“, Geldknappheit und wachsendes Heimweh nach Freunden und Familie.

WAS KOSTET EINE WELTREISE?

Eine sechsmonatige Weltreise kostet nicht mehr als eine neue Einbauküche, ein guter Gebrauchtwagen oder eine dreiwöchige Schiffsreise auf einem Luxusdampfer. Letztendlich entscheidet die Wahl der Länder (Grundsatz: je wärmer desto günstiger), des Zeitraumes (je länger desto günstiger), der Transportmittel (je langsamer desto günstiger), der Unterkunft (Hotel oder Backpacker), der Verpflegung (Restaurant oder Selbstverpflegung) und die Wahl des Lebensstils über die Budgetplanung. Gegenrechnung: Auch zu Hause bleiben kostet Geld!

EIN KOSTENVERGLEICH MIT STUDENTEN

Wir haben Tauchen gelernt, Autos gemietet, Konzerte besucht, Inlandsflüge gebucht, sind Hubschrauber geflogen, waren ab und an in Restaurants essen und übernachteten manchmal auch in guten Hotels. Kosten: 60 € täglich pro Person.
Die Studenten waren mit Bus, Bahn oder per Anhalter unterwegs, schliefen ausschließlich in Dorms (Großraumschlafplätze), kochten täglich selbst und haben auf viele Ausflüge und Unternehmungen verzichtet. Kosten: 25 € täglich pro Person

LAUFENDE KOSTEN REDUZIEREN

Kündigen Sie Zeitschriften-Abonnements, wechseln Sie zu günstigeren Versicherungstarifen, lassen Sie Rentenzahlungen, Bausparverträge und sonstige (Vereins-)Beiträge „ruhen“, melden Sie das Auto ab und reduzieren Sie laufende Mietkosten durch Untervermietung über Mitwohnzentralen oder Wohnungskündigung.

EINNAHMEN WÄHREND UND NACH DER REISE

Wer vorher gearbeitet hat und Mitte des Jahres verreist (Beispiel: von Juli bis Juli), kommt in den Genuss der Steuerprogression und erhält über den Lohnsteuer-Jahresausgleich mehr Geld (bis zu einigen Tausend Euro) vom Finanzamt zurück. Haben Sie noch „stille Reserven“, lohnt sich auch der Wechsel von Tagesgeld/Girokonto auf längerfristige und zinsgünstigere Anlagemöglichkeiten.

GELD VERDIENEN - WÄHREND DER REISE

„Fruitpicking“ ist oft harte aber nur mäßig bezahlte Arbeit. Auf Neuseeland werden hauptsächlich Kiwis gepflückt, in Australien waren es dagegen Erdbeeren, Mangos, Tomaten, Äpfel und Trauben. Diese und andere Jobangebote finden Sie weltweit in (fast) allen Hostels.

WELCHE ROUTE?

Welche Länder Sie in welcher Reihenfolge bereisen, hängt entscheidend von der Reisezeit ab. Fragen Sie deshalb vor der Buchung das Reisebüro nach Klima, Jahres- und Regenzeit der jeweiligen Region. Beispiel aus eigener Erfahrung: Der Weg nach Maccu Piccu (Peru) war während der Regenzeit im Februar gesperrt.

WIE VIELE LÄNDER?

In der Euphorie der Vorfreude neigt man dazu, möglichst viele Länder bereisen zu wollen. Wer außerdem immer nur die Sehenswürdigkeiten eines Landes „abhaken“ will, stresst sich selbst. Besser Sie streichen ein paar Ziele von Ihrer Liste und lernen dafür die Menschen und Kulturen der verbliebenen Länder intensiver kennen. Faustregel: Ein Land. Ein Monat.

WELCHE LÄNDER?

Werfen Sie einen Blick auf die Seiten des Auswärtigen Amtes. Checken Sie Gefahrenlage und Reisewarnungen der Länder, die Sie bereisen wollen. Und prüfen Sie deren Einreisebestimmungen. Ist ein Visum notwendig, beantragen Sie es rechtzeitig. Manchmal kann es Wochen dauern, ein anderes Mal bekommt man das Visum innerhalb von 24 Stunden. Das Visum für Australien können Sie auch über Internet bestellen.

ALLEIN ODER ZU ZWEIT?

Beides hat Vorteile. Wer alleine reist, kann tun und lassen was er will und erlebt dabei ein Gefühl der totalen Freiheit. Ist man vom Typ her halbwegs aufgeschlossen, lernt man schnell neue Leute kennen. Gemeinsames Reisen ist dagegen sicherer, unkomplizierter (vor allem im Krankheitsfall) und billiger. Außerdem teilt man neben den Fixkosten auch die Erinnerungen.

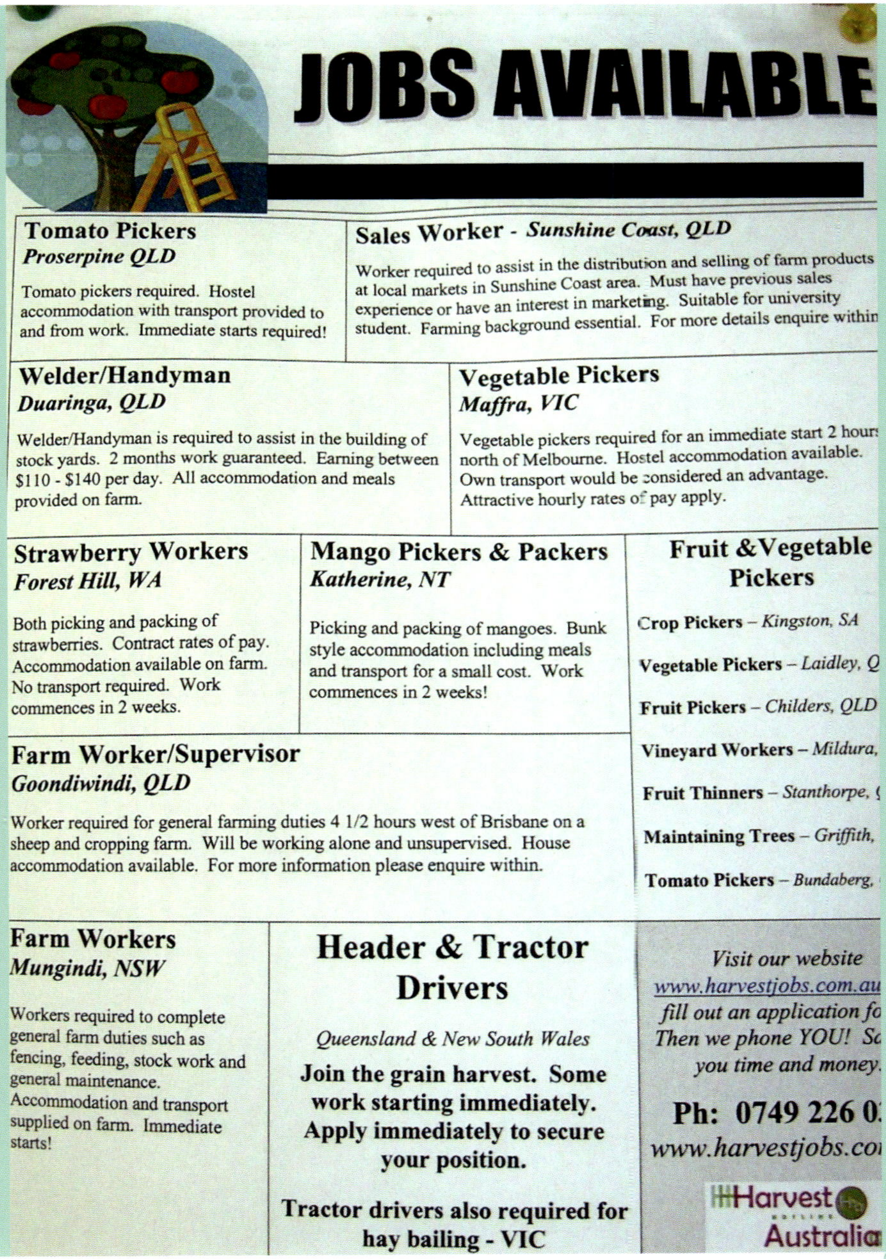

FLUG-TICKETS

Round-the-World-Tickets werden von großen Luftfahrtallianzen wie Star Alliance, Skyteam und Oneworld angeboten. Prüfen Sie deren Flugrouten und Preise kritisch und entscheiden Sie erst nach sorgfältiger Abwägung Ihrer Ziel- und Abflugsorte. Reisebüros, die sich auf Weltreisen spezialisiert haben, beraten rund um die Uhr, wählen Routen aus, buchen Tickets und helfen Ihnen unterwegs sogar bei Umbuchungen. Übrigens: Inlandsflüge sind mit heimischen Fluglinien oft günstiger. Vergleichen lohnt sich.

FLUGZEITEN

Legen Sie Ihre Flüge so, dass Sie möglichst früh (spätestens nachmittags) am Zielort ankommen. Das entspannt die Suche nach einer Unterkunft und lässt Ihnen genügend Zeit für einen ersten Orientierungsspaziergang durch die neue Stadt.

UNTERKUNFT VORAUSBUCHEN?

Übernachten Sie in größeren Städten? Dann buchen Sie sicherheitshalber die ersten drei Nächte im Voraus. In dieser Zeit können Sie sich vor Ort nach einer besseren oder günstigeren Unterkunft umsehen. Unsere Erfahrung: Es gibt überall mehr Hotelzimmer als Touristen. Ausnahmen: An Feiertagen, zu Urlaubszeiten oder in Millionen-Metropolen wie Hong Kong sollten Sie ein Zimmer für die gesamte Dauer Ihres Aufenthaltes reservieren. Lieblinks: www.hostelbooking.com und

WOGEGEN IMPFEN?

Sind Sie noch immun gegen Tetanus, Polio, Typhus, Tollwut, Hepatitis A und B? Prüfen Sie Ihren Impfschutz rechtzeitig! Abgelaufene Impfungen müssen manchmal über einen längeren Zeitraum (Tollwut 4 x im Jahr, Hepatitis 3 x in 6 Monaten) aufgefrischt werden. Lieblinks: www.gesundes-reisen.de

REISEAPOTHEKE

Medikamente sind im Ausland oft viel günstiger. Packen Sie daher nur das Notwendigste (Antibiotika, Ibuprofen AL 600, Malarone, Immodium Akut, Mückenspray, Pinzette und Wundpflaster) in Ihre Reiseapotheke und kaufen Sie den Rest vor Ort nach Bedarf.

AUSLAND-KRANKENVERSICHERUNG

Private Kassen decken in der Regel den weltweiten Auslandsaufenthalt unbegrenzt ab. Gesetzlich Versicherte sind dagegen oft nur bis zu drei Monaten versichert. Verreisen Sie länger, müssen Sie ab dem 91ten Tag eine zusätzliche Auslandskrankenversicherung abschließen. Doch Vorsicht vor einer Doppelversicherung! Manche Auslandskrankenversicherungen kassieren Beiträge ab dem ersten Reisetag.

WELCHES REISEKONTO?

Eröffnen Sie bei der Bank/Sparkasse Ihres Vertrauens zwei Konten: Ein Girokonto und ein Tagesgeldkonto, auf dem Ihr Weltreisebudget weiter fleißig Zinsen bringt, während Sie die Welt bereisen. Über Internet (Homebanking) können Sie nun Überweisungen vom Tagesgeldkonto auf Girokonto vornehmen. Aus Sicherheitsgründen (Kartenverlust oder Überfall) empfehlen wir Ihnen, immer nur so viel Geld zu überweisen, wie Sie für die nächsten Wochen brauchen werden.

WELCHE KREDITKARTEN?

Auch hier gilt „Safety first“. Beantragen Sie daher zwei verschiedene EC- bzw. Kreditkarten (VISA und MASTERCARD). Beide werden weltweit akzeptiert und haben außerdem den Vorteil, dass Sie bei Barabhebungen an Automaten hohe Gebühren sparen können.

WARUM EIN PAAR DOLLAR HELFEN KÖNNEN?

Bei Ein- und Ausreisen fallen an vielen Grenzen oder Flughäfen versteckte Gebühren an. Ein paar US-Dollar (200-300 $) in der Reisekasse haben uns des Öfteren vor unangenehmen Überraschungen, Wartezeiten und teuren Umrechnungskursen bewahrt.

SICHERHEITEN UND VOLLMACHTEN

Kopieren, scannen und speichern Sie alle wichtigen Dokumente wie Reisepässe, Flugtickets, Versicherungsnachweise, Bankverbindungen, Hotlines etc. auf CD, USB-Stick und/oder als E-Mail. Stellen Sie außerdem einer Vertrauensperson eine schriftliche Generalvollmacht aus, damit diese während Ihrer Abwesenheit problemlos finanzielle und vertragliche Angelegenheiten erledigen kann. Unterschrift nicht vergessen!

KONTAKT NACH HAUSE

Computer und Internetshops gibt es mittlerweile (fast) überall auf der Welt. Über E-Mail oder Blog (www.followmysteps.de) können Sie Freunde und Familie auf dem Laufenden halten. Wollen Sie Fotos downloaden und verschicken, sollten Sie sich ein Profil bei myspace oder studievz anlegen. Auch telefonieren ist über Internet günstiger und kostet beispielsweise mit einem Skype-Accout weltweit nur zwei Cent/Minute. Lieblinks www.skype.com

RUCKSACK ODER ROLLKOFFER?

Wer mehrtägige Wanderungen plant, ist mit einem 90-Liter-Backpacker-Rucksack inklusive Schlafsack, Isomatte und Kochgeschirr bestens ausgestattet. Wer aber vorzugsweise Tagesausflüge unternimmt, sollte einen Rollkoffer (den Sie auf dem Zimmer lassen können) plus Kleinrucksack in Erwägung ziehen. Diese Wahl ist zwar weniger „cool", schont dafür aber Kräfte und Rücken.

WELCHE KLEIDER?

Grundsätzlich gilt: je weniger desto besser. Warme Klamotten sind schwer. Jeans trocknen langsam. Fleece-Stoffe sind leichter und halten warm. T-Shirts, Flip Flops, Unterwäsche können auf Bedarf überall nachgekauft werden.

DAS MUSS VOR ABREISE INS GEPÄCK

LED-Stirnlampe, mp3-Player, Geldgürtel, Oropax, Weltreisestecker, Tagesrucksack, Reisespiele (Karten, Würfel), Kugelschreiber, USB-Stick und/oder Foto-Speicherkarten, Joggingschuhe, Reisewecker, drei bis vier Lieblingsbücher, Ersatzbrille, evtl. Mini-Laptop, Mückenschutz (Autan), internationaler Führerschein und für den ersten Flug dicke Socken und ein aufblasbares Nackenkissen.

DAS KANN WÄHREND DER REISE BESORGT WERDEN

Moskitonetz, Medikamente, Schlafmasken (gibt's kostenlos in jedem Langstrecken-Flieger), Werkzeuge, Taschenmesser, Pinzette, Sonnenschutz, Sonnenbrillen, Thermometer, Kompass, Strand- und Alltagskleidung, Taucherausrüstung, Flip Flops, Hygieneartikel, Schlafsack, Pflege- und Hygieneartikel, Batterien, deutschsprachige Bücher und Reiseführer (fast jedes Hostel hat eine kleine Bibliothek, in der Bücher getauscht werden dürfen).

WEITERE INFORMATIONEN

Detaillierte Informationen erhalten Sie auch im Internet in Weltreiseforen. Darin berichten Weltreisende über ihre Erlebnisse, geben Routenempfehlungen und beantworten Fragen zu allen Reisethemen: www.weltreiseforum.de oder www.weltreise-machen.de.

ALLGEMEINE REISETIPPS

An den meisten Flughäfen geht es heiß her. Menschenmassen drängeln, Aufsichtspersonal schiebt sie zur Seite, Taxifahrer und Kofferträger bieten ihre Dienste an. Bleiben Sie gelassen, setzen Sie sich fünf Minuten zur Ruhe und orientieren Sie sich. Steigen Sie nicht gleich ins Taxi, das kann teuer werden. Alternativen wie Züge, Stadtbusse oder Shuttle-Service sind meist günstiger. Ebenfalls ratsam: Heben Sie am Flughafen nur so viel Geld ab, wie Sie für die ersten Tage brauchen werden.

An (fast) allen Flughäfen der Welt finden Sie eine Tourist-Information. Die meist Englisch sprechenden Angestellten geben Auskunft über Unterkünfte und Transportmöglichkeiten aller Art. Mancherorts müssen Sie das Telefon selbst in die Hand nehmen und ein Zimmer reservieren.

Neben entsprechenden Reiseführern ist es ein ganz besonderes Vergnügen, Romane zu lesen, deren Handlungen an den Urlaubsorten spielen. Erfahrene Buchhändler helfen Ihnen bei der Auswahl gerne weiter.

Achten Sie in Restaurants auf die Speisekarte. Ihr Zustand spiegelt oft den der Küche wider. Ist die Karte fettig und verklebt, sollten Sie lieber woanders essen.

Um böse Überraschungen vorzubeugen, achten Sie bei Taxifahrten immer darauf, dass der Fahrer den Taxometer einschaltet. Hat das Taxi keinen Taxometer, sitzen Sie in einem „inoffiziellen Taxi“ und steigen besser gleich wieder aus. Ist das nicht möglich, handeln Sie mit dem „Schwarzfahrer“ noch während der Fahrt den Preis aus.

BITTE, BITTE, BITTE (EIN HERZENSWUNSCH)

Suchen Sie das Abenteuer! Wenn Sie sich im Hotel einschließen, wird Ihnen vieles entgehen. Verlassen Sie hin und wieder Liegestuhl, Touristen-Strand und asphaltierte Infrastruktur. Nur wer „Trampelpfade“ einschlägt, wird Land und Leute kennen lernen.

Deutsche Touristen gelten in ausländischen Hotels oft als überheblich und egoistisch. Denken Sie nur an die peinlichen Handtuchreservierungen auf den Poolliegen. Beweisen Sie dem Ausland stattdessen, das Sie nicht zu diesen Urlaubern gehören, die ständig auf ihr Recht beharren, das Personal anmeckern oder wegen Nichtigkeiten gleich Beschwerde einreichen.

Egal in welchem Land Sie sich befinden, Sie sind dort nur Gast. Und als solcher sollten Sie die Gewohnheiten, Rituale und Gebräuche der Einheimischen respektieren. Tragen Sie angemessene Kleidung (in Badehosen und schulterfreien Tops geht man nirgendwo in Kirchen oder Tempelanlagen), verhalten Sie sich unauffällig und hinterlassen Sie bitte keinen Müll.

Rechnen Sie nicht jeden Cent um, den Sie für Dinge oder Dienstleistungen im Ausland zahlen müssen. Auch wenn der Eintritt mal einen Euro mehr kostet als anderswo, betrachten Sie diese Zugabe einfach als kleine Spende oder wie Jutta immer meinte, als „Entwicklungshilfe für Menschen, die ärmer sind, als wir Europäer“.

NACH DER REISE

Selbst eine Weltreise ist irgendwann vorbei. Damit Sie zu Hause aber nicht gleich in eine tiefe Sinnkrise stürzen, planen Sie mindestens eine Woche (lieber zwei) für Ihre Re-Integration. Trotzen Sie der deutschen Hektik und lassen Sie sich bloß nicht von heimischen Nörglern und Schwarzseher den Optimismus nehmen. Über diese kleinkarierte Spießigkeiten können Sie – nachdem was Sie alles erlebt haben – einfach nur lächeln.

Melden Sie sich zurück. Ihr Chef ist dankbar für ein Lebenszeichen. Aktivieren Sie Ihre „ausgesetzten“ Versicherungen, melden Sie das Auto wieder an, kündigen Sie die Weltreisekonten und verschaffen Sie sich einen groben Überblick über Ihre finanzielle und steuerliche Situation.

Dann ist es soweit. Sie müssen zurück in Ihren Job. Egal, bleiben Sie auch am Arbeitsplatz locker und entspannt. Werden Sie gegenüber Kunden, Kollegen und Vorgesetzen souveräner und gelassener. Es wird sowieso alles heißer gekocht, als es gegessen wird. Außerdem sind Stress und Zeitdruck in den seltensten Fällen wirklich effizient.